Hinter dem **HIMMEL**
schlafen die **MÄRCHEN**
Wer weiß den Weg?
Wer hat den **SCHLÜSSEL?**

Rose Ausländer

THERESA
BAUMGÄRTNER

WUNDERVOLLE WEIHNACHTS-BÄCKEREI

NUSSKNACKER & SCHWAN

Brandstätter

Inhalt

Vorwort

Nur ein flüchtiger Blick auf den Kalender genügt nicht. Bevor wir das weihnachtliche Backen und Dekorieren eröffnen, bedarf es einer Einstimmung. Ein Impuls, ein beglückender Funke, der unsere Kreativität entfacht. Aber wo werden wir fündig?

Das Theater ist ein guter Ort dafür. Schon Anfang Dezember kommen die märchenhaften Ballett-Inszenierungen zurück auf die Bühnen. Peter Tschaikowskys „Schwanensee" bezaubert und auch „Der Nussknacker" entführt uns augenblicklich in eine glanzvolle Traumwelt.

NUSSKNACKER UND SCHWAN

Diese wundervollen Inspirationen nehmen wir mit auf unsere Winterreise ins nahe Allgäu. Die Landschaft rund um das Schloss Neuschwanstein ist durch Raureif wie verwandelt. Sie funkelt, schimmert und glitzert, als wäre sie eine gigantische Festbühne im großen Saal des Winters.

Die Natur hat immer einen Logenplatz für uns frei, wir müssen ihn nur entdecken. Sanft wiegen sich frostige Schilfhalme am Weißensee. Die Eisfläche am Ufer scheint dünn wie feines Kristallglas.

In der Altstadt von Füssen schmiegen sich die Dächer der Fachwerkhäuser eng verschachtelt zusammen. Weiß bestäubt wirken sie wie aus einem Märchenbuch. In der Konditorei der Zuckerbäckerin ist jetzt in der Vorweihnachtszeit viel zu tun. Ihre Gewürzplätzchen nach einem Rezept von Hildegard von Bingen sind die besten der Stadt.

Sehr geschäftig geht es auch in der Werkstatt des Spielzeugmachers zu. Jeder Hampelmann wird hier von Hand geschnitzt und bemalt. Das Allgäu ist voller wunderschöner Geschichten und beflügelt die Fantasie. Und die ist jetzt willkommen, denn zurück in der heimischen Küche beginnt das große Backen für Weihnachten!

Die Holzmodeln und die schönsten Ausstechformen liegen schon bereit. Wir kneten Teige aus den besten Zutaten und vergessen beim Plätzchenbacken mit den Kindern Raum und Zeit. Geliebte Klassiker wie Springerle und Zimtsterne backen wir, aber auch viele neue himmlische Kreationen. Und jetzt Vorhang auf: Die festliche Winterbühne ist eröffnet.

Ich wünsche allen viel Freude und Genuss bei der wundervollen Weihnachtsbäckerei.

Theresa

THERESAS WEIHNACHTS-BÄCKEREI

Bevor der Ofen angeheizt wird und es in der Backstube herrlich duftet, habe ich hier meine Lieblingsmusik zum Backen gesammelt.

https://open.spotify.com/user/theresaskueche

Wie es uns gefällt

Allerlei Nützliches zum Backen

In meiner Küche versuche ich, nur wirklich notwendige Utensilien zu haben. Alles, was sehr praktisch, häufig im Gebrauch und von solider Qualität ist, darf Einzug halten. Folgende Dinge möchte ich für die weihnachtliche Bäckerei sehr empfehlen:

Eine **DIGITALWAAGE** wiegt die Zutaten exakt ab. Beim Backen ist Genauigkeit gefragt.

Die **ZESTENREIBE** ist ein Lieblingsteil, um die Schale von Zitrusfrüchten, Schokolade oder Muskat hauchfein zu reiben.

Ob zum Hacken von Nüssen oder Trockenfrüchten oder zum Schneiden der Teigrollen: Ein großes, scharfes **KÜCHENMESSER** ist unverzichtbar.

Das große **SCHNEIDEBRETT** aus Holz ist als Unterlage immer griffbereit!

Nüsse und Mandeln sollten immer möglichst frisch gemahlen werden. Dafür ist ein **MULTIMIXER** ideal. Auch Haferflocken mahle ich damit zu Mehl.

Sind hölzerne **TEIGROLLEN** nicht wunderschön? Mein Tipp: Auf Flohmärkten findet man manchmal noch besonders schöne Nudelhölzer.

Ein Geheimtipp in der Weihnachtsbäckerei: Die **PALETTE!** Beim Ausrollen des Teiges immer wieder mit der feinen Palette (30 cm Länge) zwischen Teig und Arbeitsfläche fahren. So klebt nichts fest und das Ausstechen gelingt ganz leicht. Auch dünne Plätzchen setze ich damit sicher auf das Backblech.

Zur Weihnachtsbäckerei gehören die allerschönsten **AUSSTECHFORMEN.** Für die Rezepte in diesem Buch verwende ich folgende aus Edelstahl:

STERN: 4 cm
TROPFENFORM: 5 cm und 6 cm
KREIS, GEWELLTER RAND: 5 cm, 4 cm und 3,5 cm
SCHWAN: 7 cm
QUADRAT, GEWELLTER RAND: 5 cm
RECHTECK, GEWELLTER RAND: 4 x 2,5 cm
BREZEL: 7 cm
HERZ, GEWELLTER RAND: 5 cm
KREIS: 4 cm und 4,5 cm
KRONE: 5,5 cm
AUSSTECHFORM OVAL „SCHIFFCHEN“: 6 cm

Die alten handgeschnitzten **MODELN** für Springerle werden gern von Generation zu Generation weitergegeben. Heute gibt es – welch ein Glück – auch Modeln aus lebensmittelechtem Gießharz mit historischen Motiven. Ich verwende die Motive Schloss, Schwan und Schlittschuh.

Eine **RECHTECKIGE TARTEFORM** (36 x 12 cm) ist ein Favorit zum Backen von Nussecken und Linzerschnitten.

Kleine Törtchen aus Mürbeteig backe ich mit einem **24er MINI-MUFFIN-BLECH.**

Mit einem **TEIGRÄDCHEN** lassen sich im Nu Plätzchen ausradeln.

Eine Auswahl an **BACKPINSELN** ist elementar. Zum feinen Bemalen von Zuckerguss eignet sich ein dünner Pinsel mit Naturborsten. Wichtig: Nur mit Wasser ausspülen.

Ein digitales **KÜCHENTHERMOMETER** ist zum Temperieren von Kuvertüre unerlässlich.

Die Plätzchen lasse ich stets auf einem **KUCHENGITTER** abkühlen. So kann der Dampf entweichen und sie bleiben schön knusprig.

Einen **SPRITZBEUTEL** mit **SPRITZTÜLLE** zum dekorativem Aufspritzen von Crememasse sollte parat sein. Ich benutze für die Rezepte folgende Aufsätze: 5 mm, 6 mm, 10 mm, 16 mm breite Lochtüllen und eine 16 mm breite Sterntülle.

Das **HOLZSTÄBCHEN** (Schaschlikspieß) eignet sich zum Modellieren oder zum Stechen kleiner Aufhänglöcher in Plätzchen.

Als hätte es frisch geschneit: So sehen die Plätzchen aus, wenn ich Puderzucker durch ein **FEINES SIEB** gebe. Die selbst gebackenen Schätze müssen kühl und trocken gelagert werden. Dafür verwende ich luftdicht verschließbare **BEHÄLTER.** Damit jede Plätzchensorte ihr besonderes Aroma bewahrt, verpacke ich sie in separaten Gefäßen. Praktisch sind solche aus Glas, denn man erkennt gleich, was drin ist!

Weitere Basis-Utensilien:

KÜCHENMASCHINE ODER HANDRÜHRGERÄT

MESSBECHER

GROSSE UND KLEINE RÜHRSCHÜSSELN AUS KERAMIK UND METALL

KLEINER TOPF

PFANNE MIT SCHWEREM BODEN

ESSLÖFFEL UND TEELÖFFEL

SILIKONSPATEL

GROSSER SCHNEEBESEN

BACKBLECHE

TIMER

LINEAL

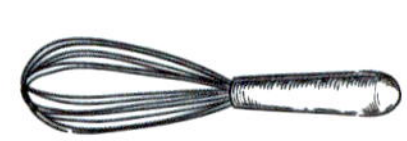

Der feine Unterschied

Meine persönlichen Tipps rund um das weihnachtliche Backen

Bevor ich mit der Weihnachtsbäckerei beginne, lege ich mir gern einen kleinen Vorrat an saisonalen Zutaten an. So kann ich spontan in der Küche etwas zaubern, ohne extra einkaufen zu müssen. Ob Walnüsse aus der neuen Ernte oder der eigene Honig: Mit guten Produkten aus möglichst biologischem und regionalem Anbau arbeiten zu können, stimmt mich dankbar und glücklich. Und der feine Geschmack all der Plätzchen und Kekse erzählt von diesem Glück. Hier eine Auflistung meiner wichtigsten Zutaten:

DINKELMEHL

Ich liebe Dinkel, den schon Hildegard von Bingen wegen seiner gesundheitsfördernden Eigenschaften lobte. Er ist robust, kommt mit geringeren Düngergaben aus und ist weniger hochgezüchtet als Weizen. Das aromatische, leicht nussig schmeckende Mehl hat beste Backeigenschaften. Für die meisten Rezepte verarbeite ich Dinkelmehl Type 630. Davon habe ich reichlich im Vorratsschrank. Auch mit frisch gemahlenem Dinkelvollkornmehl backe ich gern! Obwohl ich dieses Getreide vorziehe, ist Weizenmehl Type 550 als Alternative zu Dinkelmehl Type 630 möglich. Verwende ich Hafermehl, mahle ich es stets frisch im Multimixer aus feinen Haferflocken.

BACKTRIEBMITTEL

Für die Weihnachtsbäckerei verwende ich Backpulver und Natron, für die Springerle auch Hirschhornsalz. Wichtig ist, Backtriebmittel sehr sorgfältig nach Rezeptangabe abzumessen. Nichts ist unangenehmer als ein nach Backpulver schmeckendes Gebäck. Ich verwende jene Mittel deshalb immer nur so sparsam, dass sie ihren Zweck erfüllen, aber im Geschmack nicht erkennbar sind.

ROHROHRZUCKER

Alle Rezepte habe ich so entwickelt, dass sie mit möglichst wenig Zucker auskommen und dennoch aromatisch und geschmackvoll schmecken.
Zum Backen verwende ich hellen Rohrohrzucker aus fairem Handel, der im Gegensatz zu weißem Zucker weniger raffiniert ist.

Für die Optik in der Weihnachtsbäckerei nehme ich ausnahmsweise sehr kleine Mengen an klassischem Puderzucker. Denn Rohrohrpuderzucker wird beim Vermischen mit Wasser leicht bräunlich. Gerade beim Verzieren der Schwäne ist ein reines Weiß einfach zauberhaft!

HONIG

Hier achte ich sehr auf Regionalität. So unterstütze ich meinen Imker vor Ort. Es ist eine solche Bereicherung, sich mit den leidenschaftlichen Produzenten persönlich auszutauschen.

AHORNSIRUP

Der aromatische kanadische Sirup schmeckt als Grad A am feinsten und ist wunderbar zum glanzvollen Glasieren von Makronen.

HONIG-MARZIPAN

Dieses Marzipan ist im Bioladen oder Reformhaus erhältlich und hat einen ganz feinen Geschmack.

EIER

Am liebsten nehme ich die Eier von unserer eigenen Hühnerschar: Georgette, Odette, Cécile, Bernadette, Babette und Suzette scharren im Garten von Hazelnut House unter den Obstbäumen und legen Eier in den schönsten Farben. Ansonsten kaufe ich Bio-Eier. Die Eier in den Rezepten beziehen sich, wenn nicht anders angegeben, auf Größe M.

BUTTER

Zum Backen verwende ich am liebsten Sauerrahm-Butter aus unserer Region. Sie ist grundlegend für den feinen Geschmack der Gebäcke.

GERÖSTETE HASELNÜSSE

Ob ganz, gehackt oder gemahlen: Geröstete Haselnüsse verwende ich in vielen Rezepten. Grundsätzlich kaufe ich Nüsse aus der neuen Ernte und male immer nur so viel, wie ich exakt benötige.

Zu Beginn der Weihnachtsbäckerei röste ich stets gleich ein ganzes Blech Haselnüsse für den Vorrat. Dafür den Backofen auf 180 °C (Umluft) vorheizen. Die ungeschälten Nüsse auf einem Blech verteilen und im heißen Ofen auf der obersten Schiene so lange rösten, bis die Schale beginnt einzureißen und sich zu lösen. Die Haselnüsse in die Mitte eines Geschirrhandtuches geben, die Tuchenden verknoten. Die Nüsse im Handtuch zwischen den Händen verreiben, so löst sich die Schale am einfachsten. Die geschälten Haselnüsse aus dem Handtuch nehmen und in ein luftdicht verschlossenes Glas füllen. Damit die Haselnüsse beim Hacken nicht durch die Küche rollen, gibt es einen Trick: Die Nüsse flach auf ein großes Schneidebrett legen, mit einem schweren Topfboden andrücken und danach mit einem großen Küchenmesser hacken.

GESCHÄLTE MANDELN

Ganze Mandeln in einen Topf geben, mit kochendem Wasser übergießen und auf einem Sieb abschrecken. Nun kann die Mandel ganz einfach aus der Schale gedrückt werden. Die geschälten Mandeln auf einem Tuch trocknen lassen und weiterverarbeiten.

GEWÜRZE

Zur Weihnachtszeit verwandelt sich meine Küche in eine herrlich duftende Backstube!

Folgende Gewürze sind besonders wichtig: In gemahlener Form Ceylon-Zimt, Kardamom, Nelken, Ingwer, frischer schwarzer Pfeffer und Muskat und in ganzer Form Anis und Tonkabohne.

VANILLESCHOTEN

Sie sind in der letzten Zeit sehr teuer geworden. Ich gehe deshalb nur sparsam mit diesem wundervollen Gewürz um und nehme in meinen Rezepten meist einfach 1 Prise gemahlene Vanille.

TIPP: Benutzte Schoten unbedingt in Zucker einlegen für selbstgemachten Vanillezucker!

UNBEHANDELTE ZITRONEN UND ORANGEN

Die feinen Schalen der Zitrusfrüchte versprühen einen wunderbaren Duft in der Weihnachtsbackstube.

TIPP: Nur die dünne gelbe oder orange Schale abreiben. Denn die weiße Haut der Zitrusfrüchte ist bitter.

Ätherisches **ZITRONENÖL:** Ein paar Tropfen natürliches Zitronenöl verzaubern weiße Schokolade in ein Gedicht!

TROCKENFRÜCHTE, KERNE und BLÜTEN

Dunkle Rosinen und Medjool-Datteln benutze ich am häufigsten in meinen Rezepten. Kokosraspel benötige ich für Makronen und das weihnachtliche Schokoladenkonfekt verziere ich mit Kürbiskernen, Goji-Beeren, Pistazien und getrockneten Rosenblüten.

SCHOKOLADE

Schokolade darf in der Weihnachtsbäckerei natürlich nicht fehlen: Für die Plätzchen verwende ich hochwertige dunkle Kuvertüre (70% Kakaoanteil) sowie Weiße-Schokoladen-Kuvertüre (mit Rohrohrzucker gesüßt und mit 30% Kakaobutteranteil).

Kuvertüre wird beim Schmelzen flüssiger als Schokolade und eignet sich daher hervorragend, um Gebäck zu ummanteln.

In die Schokoladen-Cookies gebe ich außerdem dunkle Schokoladendrops.

KONFITÜRE

Zum Füllen von Keksen nutze ich eine aromatische Himbeer- oder Aprikosenkonfitüre mit mindestens 70% Fruchtanteil.

Erfolgsversprechend!

Kleine und große Backgeheimnisse

WIE GELINGT DER PERFEKTE MÜRBETEIG?

"Schnell und kühl" lautet die Zauberformel! Die Butter sollte sehr kalt sein. Deshalb reibe ich sie mit einer groben Reibe direkt ins Mehl oder hacke sie in kleine Stückchen. Die Butter möglichst rasch mit der Küchenmaschine oder den Fingerspitzen unter das Mehl mischen, sodass Streusel entstehen. Ob mit Ei oder ohne, erst im letzten Moment wird der Teig zu einer Kugel zusammengefügt. Wird er zu lange mit den Händen geknetet, kann er "brandig", also brüchtig, werden. Das heißt die Butter wird zu warm und bildet keine homogene Verbindung mit dem Mehl.

WIE WERDEN UND BLEIBEN DIE KEKSE BESONDERS KNUSPRIG?

Auch hier liegt das Geheimnis im Kühlen des Teiges vor dem Backen. Um Plastikfolie zu vermeiden, lege ich den Teig in eine **VERSCHLIESSBARE BOX** und stelle ihn in den Kühlschrank. So nimmt er keine fremden Gerüche an. Soll es schnell gehen, hilft auch mal die kurze Lagerung in der Gefriertruhe! Bevor die Kekse auf dem Blech in den heißen Ofen kommen, schiebe ich das Blech noch einmal in den Kühlschrank oder stelle es in die kalte Winterluft. So werden die Plätzchen garantiert nicht nur knusprig, sondern halten auch wunderschön ihre Form!

Nach dem Backen die Plätzchen kurz auf dem Blech auskühlen lassen und danach mithilfe der Palette vorsichtig auf ein Kuchengitter setzen. So können sie von allen Seiten gut auskühlen.

WARUM WERDEN MANCHE PLÄTZCHEN ZWEIMAL GEBACKEN?

So werden insbesondere dickere Kekse herrlich knusprig. Dabei werden die Kekse nach dem Auskühlen ein zweites Mal ganz kurz in den Ofen geschoben. Dieser Vorgang wird auch "Twice Baking" genannt. Nach dem Abkühlen die Kekse in einer luftdicht verschlossenen Dose lagern.

UND WIE WERDEN PLÄTZCHEN GELAGERT, DIE EHER EINE FEUCHTE, SAFTIGE KONSISTENZ HABEN?

Dazu gehören Springerle, Lebkuchen und Makronen. Sie dürfen in feuchter, kühler Luft ein paar Tage lagern und kommen erst danach in eine Dose.
TIPP: Durch das Hineinlegen von ein paar Apfelschalen, werden Lebkuchen auch in der Dose weich.

WIE BEHÄLT DIE KUVERTÜRE NACH DEM SCHMELZEN IHREN GLANZ?

Das Zauberwort heißt Temperieren. Dies bedeutet das abwechselnde Erwärmen und Abkühlen von Kuvertüre. Sie ist kapriziös, mag keine starke Hitze! Zunächst die Kurvertüre fein hacken oder reiben. Zwei Drittel in eine Metallschüssel füllen und über einem Wasserbad schmelzen. Das letzte Drittel beiseitestellen.
WICHTIG: Das Wasserbad sollte heiß sein, aber auf keinen Fall kochen. Außerdem sollten keine Wassertröpfchen dazugelangen. Mit einem Silikonspatel die Kuvertüre leicht vermischen, damit sie gleichmäßig schmilzt.

Mit dem Thermometer die Temperatur prüfen. Für dunke Kuvertüre gilt: Einen Teil Schokolade zunächst auf 40 °C, maximal 45 °C, erhitzen. Danach die Schüssel vom Wasserbad nehmen und nach und nach die restliche geraspelte Kurvertüre hinzufügen, sodass die Temperatur auf 28–30 °C sinkt. Diesen Vorgang nennt man "impfen". Nun die geschmolzene Kuvertüre noch einmal ganz kurz auf 30–32 °C erhitzen und bei dieser Temperatur sofort weiterverarbeiten.

Weiße Kuvertüre wird zunächst auf 38–40 °C erhitzt, wie oben beschrieben auf 26–27 °C abgekühlt und nochmals auf 29–30 °C erhitzt.
TIPP: Vor dem Glasieren alles bereitstellen. Ein Kuchengitter zum Abtropfen auf ein Blech legen und die Kekse vorbereiten, sodass sie bei optimaler Temperatur in Schokolade getaucht werden können.

WIE TEILE ICH EIN EI?

Für manche Mürbeteige benötige ich für eine optimale Konsistenz nur ein halbes Ei der Grösse M. Dafür ein ganzes Ei in einem Glas verquirlen. Das Ei wiegen, die Hälfte zum Teig geben, die andere Hälfte anderweitig verwenden.

WIE ROLLE ICH DEN TEIG AUS, OHNE DASS ER AN DER ARBEITSFLÄCHE KLEBT?

Das Geheimnis ist die Verwendung einer Palette! Vor dem Ausrollen die Arbeitsfläche mit Mehl leicht bestäuben. Mürbeteig sollte immer möglichst kalt verarbeitet werden. Daher eventuell die Teigkugel halbieren. Die eine Hälfte ausrollen und die andere Hälfte während dieser Zeit noch einmal abgedeckt in den Kühlschrank legen. Das Nudelholz ebenfalls leicht bemehlen. Nun beginnen, den Teig auf die gewünschte Dicke auszurollen. Dabei immer wieder mit der Palette zwischen Arbeitsfläche und Teig fahren. So haftet er nicht an der Arbeitsfläche und die Plätzchen lassen sich perfekt ausstechen.

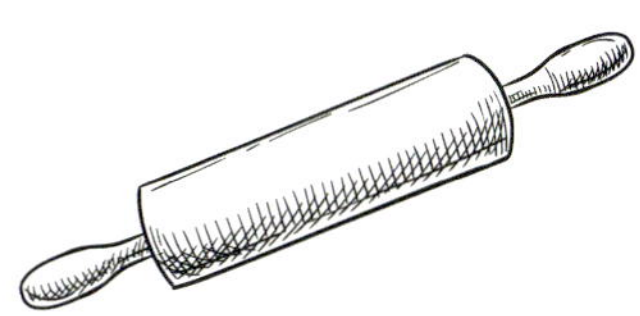

Schwan

Eine Winterreise

Unterwegs im vorweihnachtlichen Allgäu

Das Haus am See. Es trägt einen Namen wie aus einem rührseligen Heimatfilm: Dreimäderlhaus am Weißensee. Hier sind wir zu Gast. Kaum über die Türschwelle getreten, ist der Empfang herzerwärmend. Während es draußen langsam dunkler wird, duftet es drinnen nach allen Wohlgerüchen des Bergwaldes. Ganz frisch geschnitten sind die Tannenzweige für die weihnachtliche Dekoration. Kerzenlicht flackert. Der Kachelofen ist angeheizt. Lachend trägt der Hausherr ein Blech voller frisch gebackener Buchteln in die Stube. „Das gehört einfach dazu", entgegnet er unseren überraschten Blicken und legt ein neues Holzscheit im Ofen nach. Gastfreundschaft hat im Allgäu eine lange Tradition. Und in dieser Gegend ist noch etwas anderes zu spüren. Es ist die ganz besondere Atmosphäre, die alle unweigerlich ein Stück verzaubert. Den nächsten Tag können wir kaum erwarten. Während der Nacht übernimmt der Winter seine Aufgabe als frostiger Bühnenbildner. Raureif überzieht die Landschaft mit einem weißen, dünnen Mantel. Welch ein Auftritt von Schloss Neuschwanstein in dieser Winterkulisse!

In 150 Jahren hat das Märchenschloss von Ludwig II. nichts von seiner Faszination verloren. Auch Walt Disney muss damals bei seiner Europareise 1935 tief davon beeindruckt gewesen sein. Denn das Cinderella-Schloss aus seinen Filmen ist das berühmteste Abbild davon. Kein Wunder also, dass für viele Gäste aus aller Welt Neuschwanstein so etwas wie ein Sehnsuchtsort geworden ist.

Im Winter kommen weniger Besucher, es ist stiller und auch im nahegelegenen Füssen hat sich der Takt verlangsamt. Hier flanieren wir durch die festlich geschmückten Gassen der Altstadt bis hoch hinauf zur nächsten Märchenbühne. Der Innenhof des „Hohen Schlosses" mit seinen Illusionsmalereien an den Fassaden wäre geradezu ein perfekter Drehort für ein Weihnachtsmärchen. Schritt für Schritt steigen wir nun im Storchenturm die Wendeltreppe empor. Oben angekommen erwarten uns eisige Windböen – und eine grandiose Aussicht über die verschneiten Dächer der Stadt.

Wieder unten wird es Zeit, sich aufzuwärmen und die Backstube der Zuckerbäckerin Stefanie Perkmann ist ein wunderbarer Ort dafür. „Jetzt werden im Allgäu Laiberl, also Weihnachtsplätzchen, gebacken", ruft sie uns fröhlich entgegen, als wir bei ihr eintreffen. Die Herstellung der würzigen Lebkuchenteige, das Ausstechen der Kekse, das Formen und Verzieren der unterschiedlichen Sorten, das alles scheint ihr leicht von der Hand zu gehen. „Die Qualität der Zutaten und die Liebe zum Backen sind das Wichtigste", sagt sie. Und wir sind uns sicher, deshalb gelten auch ihre Gewürzplätzchen als die besten der Stadt.

Knuspriges Haferglück

ZUTATEN
FÜR CA. 30 STÜCK:

FÜR DEN ZITRONENZUCKER:
50 g heller Rohrohrzucker
abgeriebene Schale von ½ unbehandelten Zitrone

FÜR DEN TEIG:
90 g salzige Butter
200 g feine Haferflocken
15 g Dinkelmehl, Type 630
¼ TL Backpulver
60 g heller Rohrohrzucker
abgeriebene Schale von 1 ½ unbehandelten Zitronen
1 Ei

FÜR DIE SCHOKOLADE:
50 g weiße Kuvertüre
2 Tropfen ätherisches Zitronenöl

etwas Dinkelmehl für die Arbeitsfläche
Backpapier für das Backblech

Für den Zitronenzucker den Rohrohrzucker und die frisch abgeriebene Zitronenschale miteinander vermengen.

Für den Teig die Butter in einem Topf schmelzen. Die Haferflocken in einer Pfanne ohne Fett rösten, bis sie beginnen herrlich zu duften. Das Mehl mit dem Backpulver in eine große Schüssel geben und gut vermengen. Nun die Haferflocken, den Zucker und die Zitronenschale hinzufügen und vermischen. Zum Schluss die flüssige Butter und das Ei mit einem Kochlöffel unterrühren. Die Masse mit der Hand zu einem gleichmäßigen Teig verkneten und auf einer leicht bemehlten Arbeitsfläche zu einem 3 cm dicken, viereckigen Teigstrang formen. Den Teig abdecken und 30 Minuten kühl stellen. Den Backofen auf 150 °C (Umluft) vorheizen.

Ein Backblech mit Backpapier auslegen. Den Teigstrang in 5 mm dicke Scheiben schneiden. Die Teigscheiben auf das Blech legen und 10 Minuten im heißen Ofen hellbraun backen, danach auskühlen lassen.

Für die Schokolade die Kuvertüre in einer Metallschüssel über einem Wasserbad schmelzen (siehe Tipp S. 17) und das Zitronenöl unterrühren.

Die Kekse diagonal in die flüssige Schokolade tauchen und sofort mit dem Zitronenzucker bestreuen.

Oh, ich liebe dieses knusprige, erfrischende Hafergebäck! Die Schokolade verleiht ihm eine festliche Note.

Kleine Zitronen-Creme-Törtchen

ZUTATEN FÜR CA. 20 STÜCK:

FÜR DEN TEIG:
60 g gemahlene Mandeln
150 g Dinkelmehl, Type 630
1 Prise Salz
110 g kalte Butter
40 g Puderzucker
1 Msp. gemahlene Vanille
abgeriebene Schale von 1 unbehandelten Zitrone

FÜR DIE CREME:
50 g weiche Butter
150 g Puderzucker
Saft von ½ Zitrone
abgeriebene Schale von 1 unbehandelten Zitrone
100 g Frischkäse

ZUM BESTÄUBEN:
etwas Puderzucker

etwas Butter für die Muffinform
etwas Dinkelmehl für die Arbeitsfläche

Ein Mini-Muffin-Blech (24 Mulden) mit etwas Butter einfetten. Für den Teig die Mandeln, das Mehl, das Salz, die Butter in Flöckchen sowie die restlichen Zutaten in einer Schüssel erst mit der Küchenmaschine oder von Hand fein krümelig vermischen, dann zu einem glatten Teig verkneten. Den Teig auf einer leicht bemehlten Arbeitsfläche zu einer 4 cm dicken Rolle formen. Mit einem Messer 5 mm dicke Scheiben abschneiden. Jeweils eine Teigscheibe in eine Muffin-Mulde drücken. Dabei mit der Fingerkuppe eine Kuhle formen, so entsteht die Törtchenform. Mit einer Gabel ein Muster in den Rand drücken. Das Blech 30 Minuten kühl stellen.

Inzwischen den Backofen auf 150 °C (Umluft) vorheizen. Die Törtchen im heißen Ofen in 20 Minuten auf der mittleren Schiene goldbraun backen. Dann das Gebäck mit einem kleinen Messer vorsichtig aus der Form lösen, auf einem Kuchengitter auskühlen lassen. Am besten luftdicht verschlossen bis zum Befüllen in einer Dose aufbewahren.

Für die Creme die Butter mit dem Puderzucker, dem Zitronensaft und der Zitronenschale glattrühren. Den Frischkäse unterrühren. Die Creme 30 Minuten kühlen. Erst kurz vor dem Servieren einen Spritzbeutel mit einer 16 mm breiten Sterntülle vorbereiten. Den Spritzbeutel in ein hohes Glas stellen, den oberen Rand umklappen. Die Creme einfüllen und auf die Törtchen spritzen. Mit etwas Puderzucker bestäuben.

TIPP: Ich backe gern immer gleich mehrere Törtchen und auch die Creme hält sich ein paar Tage im Kühlschrank. Kurz vor dem Genießen gefüllt, schmeckt dieses Backwerk einfach am besten!

Ingwerplätzchen mit Mandelknusper

ZUTATEN
FÜR CA. 30 STÜCK:

FÜR DEN MANDEL-KNUSPER:
30 g geschälte Mandeln
30 g kandierter Ingwer
20 g heller Rohrohrzucker

FÜR DEN TEIG:
60 g kandierter Ingwer
120 g kalte Butter
1 ½ TL gemahlener Ingwer
40 g heller Rohrohrzucker
180 g Dinkelmehl, Type 630
1 Prise Salz

etwas Dinkelmehl für die Arbeitsfläche
Backpapier für das Backblech

Für den Mandelknusper die Mandeln und den Ingwer mit einem großen Messer sehr fein hacken und mit dem Zucker vermengen. Auf einem großen flachen Teller beiseitestellen.

Für den Teig den Ingwer sehr fein hacken. Die Butter klein würfeln und in eine Rührschüssel geben. Alle übrigen Zutaten zur Butter hinzufügen und mit der Küchenmaschine oder von Hand fein krümelig vermischen. Die Krümel mit der Hand rasch zu einem glatten Teig verkneten. Den Teig halbieren und die Hälften auf einer bemehlten Arbeitsfläche jeweils zu einer 4 cm dicken Rolle formen. Die Teigrollen rundherum im Mandelknusper wälzen, abdecken und 30 Minuten kühl stellen.

Ein Backblech mit Backpapier auslegen. Den Backofen auf 150 °C (Umluft) vorheizen. Die Teigrollen aus dem Kühlschrank nehmen und mit einem scharfen Messer in 5 mm dicke Scheiben schneiden. Die Ingwerplätzchen auf das Blech legen und im heißen Ofen in 15–20 Minuten goldbraun backen. Danach auf einem Kuchengitter abkühlen lassen. In einer luftdicht verschlossenen Dose aufbewahren.

Spritzgebäck mit Orangenglasur

ZUTATEN
FÜR CA. 50 STÜCK:

110 g warme Butter (Zimmertemperatur)
50 g heller Rohrohrzucker
1 Prise Salz
1 Ei, verquirlen und halbieren
160 g Dinkelmehl, Type 630
30 g sehr fein gemahlene Mandeln
20 ml Milch

FÜR DEN GUSS:
75 g Puderzucker
1 TL Zitronensaft
2 TL Orangensaft

Backpapier für das Backblech

Die Butter, den Zucker und das Salz in eine Rührschüssel geben und mit der Küchenmaschine oder mit den Quirlen des Handrührgeräts so lange rühren, bis eine weiße Creme entstanden ist. Das ½ Ei (siehe Tipp S. 17) hinzufügen. Zuletzt das Mehl, die Mandeln und die Milch unter die Masse rühren.

Ein Backblech mit Backpapier auslegen. Einen Spritzbeutel mit einer 16 mm breiten Sterntülle vorbereiten. Den Spritzbeutel in ein hohes Glas stellen, den oberen Rand umklappen. Den Teig einfüllen und sanft geschwungene Tupfen auf das Blech spritzen. Alternativ eine Gebäckspritze verwenden oder einen Fleischwolf mit Aufsatz für Spritzgebäck. Das Blech 30 Minuten kühl stellen, so behält das Spritzgebäck beim Backen schön die Struktur.

In der Zwischenzeit den Backofen auf 160 °C (Umluft) vorheizen. Die Plätzchen ca. 12 Minuten im heißen Ofen backen und auf einem Kuchengitter auskühlen lassen.

TIPP: Besonders knusprig wird das Spritzgebäck, wenn es nach dem Auskühlen für weitere 5 Minuten gebacken wird (160 °C; siehe Tipp S. 16).

Für den Guss alle Zutaten miteinander glattrühren. Die Tupfen glasieren und trocknen lassen.

Florentiner mit Tonkabohne und weißer Schokolade

ZUTATEN FÜR CA. 65 STÜCK (3 X 3 CM):

100 ml Sahne
50 g salzige Butter
50 g heller Rohrohrzucker
1 EL Akazienhonig
½ Tonkabohne
250 g Mandelblättchen
3 EL Dinkelmehl, Type 630

ZUM BESTREICHEN:

150 g weiße Kuvertüre
4 Tropfen ätherisches Zitronenöl

Backpapier für das Backblech

Den Backofen auf 200 °C (Umluft) vorheizen. Ein Backblech mit Backpapier auslegen.

Die Sahne, die Butter, den Zucker und den Honig in einen mittelgroßen Topf geben und auf dem Herd langsam erhitzen. Sobald die Butter geschmolzen ist, die Tonkabohne auf einer feinen Reibe hineinreiben und alles mit einem Holzlöffel zu einer gleichmäßigen Masse verrühren. Die Mandelblättchen mit dem Mehl vermengen und unter die Honigsahne mischen. Die Masse flach zu einem ca. 30 x 25 cm großen Rechteck auf dem Backpapier verteilen und im heißen Ofen auf der untersten Schiene in 10 Minuten goldbraun backen. Danach auf dem Blech abkühlen lassen.

In der Zwischenzeit die Kuvertüre in einer Metallschüssel über einem Wasserbad schmelzen (siehe Tipp S. 17). Zum Schluss das Zitronenöl unterrühren.

Ein großes Brett auf die abgekühlte Mandelmasse legen, das Brett und das Blech zusammen umdrehen und auf diese Weise die Florentiner auf das Brett stürzen. Das Backpapier vorsichtig abziehen. Nun mit einem Pinsel die Kuvertüre gleichmäßig auf die glatte Rückseite der Florentiner streichen und am besten im Gefrierfach abkühlen lassen.

Danach die Ränder des Rechteckes mit einem scharfen Messer so fein wie möglich abschneiden, damit eine gerade Kante entsteht. Nun das Rechteck in ca. 3 cm große Quadrate schneiden. Die Florentiner umdrehen und möglichst kühl lagern.

Gefülltes Karamellglück

ZUTATEN
FÜR CA. 20 STÜCK:

FÜR DEN KARAMELL:
75 g feiner heller Rohrohrzucker
3 EL Wasser
55 g Butter
1 Prise Fleur de Sel
50 ml Sahne (Zimmertemperatur)
1 kräftige Prise gemahlene Vanille

FÜR DEN TEIG:
100 g Dinkelmehl, Type 630
50 g Hafermehl (alternativ fein gemahlene Haferflocken)
1 Prise Salz
50 g heller Rohrohrzucker
100 g kalte Butter
1 Eigelb

ZUM BESTÄUBEN:
etwas Puderzucker

Backpapier für das Backblech
etwas Dinkelmehl für die Arbeitsfläche
trockene filigrane Zweige aus der Natur (z.B. von Samenständen oder Kräuter wie Thymian oder Rosmarin)

Für den Karamell den Zucker flach in einer hohen Pfanne mit schwerem Boden verteilen und mit dem Wasser beträufeln. Den Zucker bei mittlerer Hitze schmelzen lassen, dabei nicht umrühren, sondern die Pfanne sanft hin- und herschwenken. Wenn der Zucker beginnt, sich goldbraun zu färben, die Butter in kleinen Stücken und das Salz mit dem Schneebesen gleichmäßig unterrühren. Unter kräftigem Rühren die Sahne in einem feinen Strahl hinzugießen. Die Pfanne vom Herd nehmen, die Vanille unterrühren. Den Karamell in einem feuerfesten Gefäß abkühlen lassen.

Für den Teig die trockenen Zutaten, die Butter in Stücken und das Eigelb in eine Schüssel geben. Mit der Hand oder der Küchenmaschine rasch zu einem glatten Teig verkneten. Den Teig zu einem ca. 3 cm dicken Rechteck formen, abdecken und 30 Minuten kühlen. Ein Backblech mit Backpapier auslegen. Den Teig auf einer bemehlten Arbeitsfläche ca. 3 mm dick ausrollen. 5 cm große Kreise mit gewelltem Rand ausstechen. Die Kreise mit einer Palette auf dem Blech verteilen, Zweige auflegen, vorsichtig mit den Fingern andrücken und abziehen.

Das Blech nochmal 15 Minuten kühl stellen, so wird das Gebäck besonders knusprig! Den Backofen auf 150 °C (Umluft) vorheizen. Die Kekse im heißen Ofen in 10 Minuten auf mittlerer Schiene goldbraun backen. Abkühlen lassen. Nun kann die Karamellwerkstatt beginnen! Auf eine Keksunterseite einen Teelöffel Vanillekaramell streichen und mit der Unterseite eines weiteren Kreises vorsichtig verschließen. Fein mit dem Puderzucker bestäuben. Die Doppeldecker in einer luftdicht verschlossenen Dose aufbewahren, so bleiben sie knusprig.

ACHTUNG! Zucker wird sehr heiß! Deshalb Karamell konzentriert und vorsichtig zubereiten, um Verbrennungen zu vermeiden.

Die kleine Schlossbäckerei

Mit den Kindern märchenhaft backen

Was heute vor sich geht? Heute öffnet die kleine Schlossbäckerei! „So eine Bäckerei gibt es ja bei uns gar nicht! Unsere Küche ist einfach eine ganz normale Küche", klärt mich unser Vierjähriger auf und stützt dabei seine Hände überzeugend in die Hüften. „Du wirst schon sehen", entgegne ich, „die Küchentür darf allerdings noch nicht geöffnet werden."

Während es draußen langsam zu dämmern beginnt, verwandle ich unsere „ganz normale" Küche Stück für Stück in eine märchenhafte Schlossküche. Ich liebe es, die Kinder gerade in der vorweihnachtlichen Zeit mit etwas Neuem zu überraschen. Die Idee zum königlichen Backen kam mir vor ein paar Tagen beim Geschichtenvorlesen. Und heute, an diesem Sonntag, ist es soweit. Wir machen es uns schön und backen zusammen. Die Zutaten für den Ausstechteig wiege ich ab und stelle sie in Schälchen bereit, so geht die Teigzubereitung wie von Zauberhand. Die Bleche sind mit Backapier ausgelegt. Die Lieblingsausstechformen und die Pinsel liegen schon auf dem Tisch. Auch goldene Tütchen zum Verpacken entdecke ich noch in der Schachtel mit den schönsten, gesammelten Papieren. Natürlich dürfen zum Verkleiden beim Backen die genähten Stoffkronen nicht fehlen! Sie sind einfach wundervoll, um in die Rolle der königlichen, kleinen Hofbäcker zu schlüpfen. Und während ich in der Küche noch hantiere, höre ich die Kinder vor der Tür schon tuscheln und kichern.

„Dürfen wir reinkommen?", rufen sie und stürmen hinein, kaum ist das „Ja" ausgesprochen. Die allgemeine Freude sorgt kurz für ein wildes Durcheinander. Aber nachdem die Hände geschrubbt, die Schürzen umgebunden und die Kronen aufgesetzt sind, kann mit einer geträllerten Fanfare die Schlossbäckerei eröffnet werden. Mit viel Eifer geht es los: Die Kinder dürfen die Zutaten in einer großen Backschüssel zusammenschütten. „Schaut, der Teig wird schnell wie der Wind zusammengeknetet, er muss sich schön kühl anfühlen," erkläre ich ihnen. Jeder hat eine eigene, kleine Teigrolle, aber viel faszinierender ist es, Mamas „echte" Teigrolle einmal über den Mürbeteig zu bewegen. Mehl wird zu Zauberschnee, verteilt sich auf den roten Wangen und bestäubt die ganze Küche. Die ausgestochenen Kekse bekommen Fantasienamen, wir denken uns Geschichten über sie aus, träumen uns an einen anderen Ort. Allmählich wird es Zeit, den königlichen Ofen anzuheizen und die Bleche hineinzuschieben. Schon bald duftet es herrlich nach knusprigen Plätzchen. Die ersten Werke werden gleich probiert, die nächsten mit Guss bepinselt. Die schönsten verstecken wir in den goldenen Tüten.
Es sind die heimlichen Geschenke der Kinder aus der kleinen Schlossbäckerei.

Süße Schwäne

Die knusprigen Butterplätzchen werden mit viel Liebe dekoriert. Sie erinnern uns an Odette, die wunderschöne Prinzessin im Ballett „Schwanensee".

ZUTATEN FÜR CA. 30 SCHWÄNE:

150 g Dinkelmehl, Type 630
50 g Puderzucker
1 Prise Salz
100 g kalte Butter
1 Eigelb

FÜR DIE PUDERZUCKER-GLASUR:

75 g Puderzucker
1 TL Zitronensaft
10 ml Wasser

ALTERNATIV FÜR EINE WEISSE GLASUR:

1 Eiweiß, verquirlen und halbieren
60 g Puderzucker
1 TL Zitronensaft

Backpapier für das Backblech
etwas Dinkelmehl für die Arbeitsfläche

Das Mehl, den Puderzucker und das Salz in eine Rührschüssel geben. Die Butter in Würfel schneiden, hinzufügen und alles mit der Hand zu Streuseln vermengen. Zuletzt das Eigelb dazugeben und alles rasch zu einem geschmeidigen Mürbeteig kneten. Den Teig abgedeckt 30 Minuten kühl stellen.

Ein Backblech mit Backpapier auslegen. Auf einer leicht bemehlten Arbeitsfläche den Teig 2–3 mm dick ausrollen. Mit einer Palette unter die Teigplatte streichen, um ein Anhaften zu vermeiden. Die Schwäne ausstechen und nach Belieben in Tropfenform zusätzlich Flügel ausstechen und auf die Schwäne legen. Auch ein Krönchen lässt sich leicht ausschneiden und mit dem Kopf verbinden. Die Schwäne auf das Backblech legen und 15 Minuten kühl stellen.

Den Backofen auf 160 °C (Umluft) vorheizen.
Die Kekse im heißen Ofen 13–14 Minuten backen, bis sie leicht gebräunt sind.

Für die erste Glasur den Puderzucker mit dem Zitronensaft und dem Wasser glattrühren. Für die weiße Glasur das ½ Eiweiß steif schlagen, den Puderzucker und den Zitronensaft dazugeben und verrühren. Die Schwäne mit einem feinen Pinsel entweder transparent oder weiß glasieren und die Glasur trocknen lassen.

DOLLFUS · MIEG & Cie · FRANCE · MULHOUSE

Die wilden Schwäne

„Als die Sonne unterzugehen im Begriff war, sah Elisa elf wilde Schwäne mit Goldkronen auf dem Kopf dem Land zufliegen. Sie schwebten einer hinter dem anderen, es sah aus wie ein langes weißes Band. Da stieg Elisa den Abhang hinauf und verbarg sich hinter einem Busch. Die Schwäne ließen sich nahe bei ihr nieder und schlugen mit ihren großen, weißen Schwingen."

Aus: „Die wilden Schwäne"
von Hans Christian Andersen

Quitten-Tröpfchen

Feines Quittengelee muss ich immer im Vorrat haben. Bei diesen gefüllten Plätzchen schimmert es so schön wie Bernstein.

ZUTATEN
FÜR CA. 70 STÜCK:

300 g Dinkelmehl, Type 630
80 g heller Rohrohrzucker
2 TL Bourbon-Vanillezucker
1 Prise Salz
150 g kalte Butter
1 Ei

FÜR DIE FÜLLUNG:
200 g Quittengelee (alternativ Himbeergelee)

ZUM BESTÄUBEN:
etwas Puderzucker

Backpapier für das Backblech
etwas Dinkelmehl für die Arbeitsfläche

Das Dinkelmehl, den Zucker, den Vanillezucker und das Salz in eine Rührschüssel geben. Die Butter in Würfeln dazugeben und alles rasch mit der Hand vermengen, bis Streusel entstehen. Das Ei verquirlen, hinzufügen und alles rasch zu einem geschmeidigen Teig kneten. Den Teig in eine Schüssel legen und abgedeckt 1 Stunde kühl stellen.

Ein Backblech mit Backpapier auslegen. Auf einer leicht bemehlten Arbeitsfläche den Teig halbieren. Die erste Hälfte 2–3 mm dick ausrollen. Mit einer Palette unter die Teigplatte streichen, um ein Anheften zu vermeiden. Plätzchen in Tropfenform (6 cm groß) ausstechen, auf das Blech legen und 15 Minuten kühl stellen. Den Backofen auf 160 °C (Umluft) vorheizen. Mit der zweiten Teighälfte genauso verfahren. Dabei aus jedem Tropfen zusätzlich eine kleinere Tropfenform (4 cm groß) oder einen kleinen Kreis ausstechen, sodass ein „Tropfenrand" übrigbleibt.

Die Plätzchen im heißen Ofen 10–12 Minuten backen und auf einem Kuchengitter auskühlen lassen. Das Gelee in einem Topf erwärmen. Mit einem Teelöffel die unteren (größeren) Tropfen mit etwas Gelee bestreichen. Die oberen „Tropfenränder" mit Puderzucker bestäuben, auf den unteren setzen und vorsichtig zusammendrücken.

Himmlische Federn

Als wären sie aus Frau Holles Federkissen gefallen …

ZUTATEN FÜR CA. 60 STÜCK:

200 g Dinkelmehl, Type 630
30 g heller Rohrohrzucker
1 Prise Salz
80 g Butter
15 g Crème fraîche

ZUM BESTREICHEN:
1 Eigelb
1 TL Milch

ZUM BESTÄUBEN:
etwas Puderzucker (nach Belieben)

Backpapier für das Backblech
etwas Dinkelmehl für die Arbeitsfläche

Das Mehl, den Zucker und das Salz in eine Rührschüssel geben. Die Butter in Würfel schneiden, hinzufügen und alles rasch mit der Hand vermengen, bis sich Streusel bilden. Zuletzt die Crème fraîche dazugeben und alle Zutaten kurz zu einem Teig kneten. Den Teig abdecken und 30 Minuten kühl stellen. Ein Backblech mit Backpapier auslegen.

Auf einer leicht bemehlten Arbeitsfläche den Teig 2–3 mm dick ausrollen. Zwischendurch mit einer Palette unter die Teigplatte streichen, um zu verhindern, dass der Teig an der Arbeitsfläche haftet. Zuerst Kekse in Tropfenform in zwei Größen ausstechen (5 cm und 6 cm). Mit einem Messer die Ränder leicht einschneiden und etwas auseinanderziehen, sodass eine Federoptik entsteht.

Den Backofen auf 160 °C (Umluft) vorheizen. Das Eigelb mit der Milch verquirlen und die Federn damit bepinseln. Die Plätzchen im heißen Backofen 13–15 Minuten backen, bis sie leicht gebräunt sind. Anschließend die Federn nach Belieben mit einem Hauch Puderzucker bestäuben und nach dem Auskühlen in einer Dose aufbewahren.

Kleine Sablés

Ein feines Sandgebäck mit einem Hauch Zitrone.

ZUTATEN
FÜR CA. 80 STÜCK:

150 g weiche Butter (Zimmertemperatur)
1 Prise Salz
70 g Puderzucker
abgeriebene Schale von ½ unbehandelten Zitrone
50 g sehr fein gemahlene Mandeln
250 g Dinkelmehl, Type 630

FÜR DEN GUSS:
75 g Puderzucker
3 TL Zitronensaft

etwas Dinkelmehl für die Arbeitsfläche
Backpapier für das Backblech

Die Butter, das Salz und den Puderzucker in eine Rührschüssel geben und mit der Küchenmaschine oder den Quirlen des Handrührgeräts so lange rühren, bis eine fast weiße Creme entsteht. Die Zitronenschale, die Mandeln und das Mehl dazugeben, kurz untermischen und mit der Hand zu einem Teig verkneten. Auf einer leichtbemehlten Arbeitsfläche den Teig halbieren. Die erste Teighälfte ca. 3 mm dick ausrollen und kleine Rechtecke (4 x 2,5 cm) mit gewelltem Rand ausstechen. Mit der zweiten Teighälfte genauso verfahren.

Ein Backblech mit Backpapier auslegen. Die Plätzchen auf dem Blech verteilen und 30 Minuten kühl stellen. In der Zwischenzeit den Backofen auf 160 °C (Umluft) vorheizen. Die Sablés im heißen Ofen 12 Minuten knusprig backen, danach auf einem Kuchengitter auskühlen lassen.

Für den Guss den Puderzucker mit dem Zitronensaft glattrühren. Einen Spritzbeutel mit einer 16 mm breiten Lochtülle vorbereiten. Den Spritzbeutel in ein hohes Glas stellen, den oberen Rand umklappen. Den Guss einfüllen und als Tupfen auf die Sablés setzen oder auch die ganze Oberfläche dünn glasieren. Nach dem Trocknen die Plätzchen in einer Dose aufbewahren.

Die Schnee-königin

„Der Pelz und die Mütze waren ganz und gar von Schnee. Es war eine Dame, hoch und schlank, glänzend weiß: Es war die Schneeköngin."

Aus: „Die Schneekönigin"
von Hans Christian Andersen

Duftende Kipferl

Frisch geriebene Tonkabohne lässt diese Kipferl herrlich duften.

ZUTATEN FÜR CA. 70 STÜCK:

150 g Dinkelmehl, Type 630
60 g gemahlene Mandeln
60 g heller Rohrohrzucker
1 Prise Salz
1 Prise frisch geriebene Tonkabohne
1 Msp. abgeriebene Schale von 1 unbehandelten Zitrone
125 g kalte Butter
1 Eigelb, Kl. L

ZUM BESTÄUBEN:

30 g Puderzucker
1 Prise frisch geriebene Tonkabohne

Backpapier für das Backblech
etwas Dinkelmehl für die Arbeitsfläche

Ein Backblech mit Backpapier auslegen.

Das Mehl, die Mandeln, den Rohrohrzucker, das Salz, die Tonkabohne und die Zitronenschale in eine Rührschüssel geben. Die Butter in Würfeln hinzufügen und alles von Hand fein zerkrümeln. Das Eigelb zugeben und alles rasch zu einem glatten Teig zusammenkneten. Den Teig auf einer leicht bemehlten Arbeitsfläche halbieren und die Hälften jeweils zu einer 2,5 cm dicken Rolle formen. Von den Rollen ca. 1 cm breite Scheiben abschneiden. Mit den Fingerspitzen die Scheiben jeweils zusammendrücken und zu Kipferl formen. Die Kipferl auf das Backblech legen und 15 Minuten kühl stellen.

Den Backofen auf 160 °C (Umluft) vorheizen. Die Kekse im heißen Ofen ca. 15 Minuten backen. Danach auf einem Kuchengitter auskühlen lassen und anschließend weitere 5 Minuten bei 160 °C backen. So werden sie schön knusprig.

Zum Bestäuben den Puderzucker mit der geriebenen Tonkabohne gut vermischen und durch ein Sieb über das Gebäck streuen. Alternativ die noch warmen Kipferl in dem Puderzucker wälzen.

Russian Tea Cakes

Ein Lieblingsrezept für immer. So schnell gemacht, so köstlich!

ZUTATEN FÜR CA. 30 STÜCK:

50 g gehackte Walnusskerne
115 g kalte Butter
30 g Puderzucker
1 Päckchen Bourbon-Vanillezucker
140 g Dinkelmehl, Type 630
1 Prise Meersalz

ZUM WÄLZEN:

100 g Puderzucker
2 TL gemahlener Ceylon-Zimt

etwas Dinkelmehl für die Arbeitsfläche
Backpapier für das Backblech

Die Walnüsse in einer Pfanne nur leicht rösten und auf einem Teller abkühlen lassen. Die Butter klein würfeln und in eine Rührschüssel geben. Alle übrigen Zutaten zur Butter hinzufügen und mit der Küchenmaschine oder von Hand fein krümelig vermischen. Die Krümel rasch zu einem Teig zusammenfügen. Auf einer leicht bemehlten Arbeitsfläche den Teig zu einer 3 cm dicken Rolle formen.
Die Teigrolle in 1 cm breite Scheiben schneiden. Die Scheiben zu kirschgroßen Kugeln formen, auf ein mit Backpapier ausgelegtes Blech legen und 30 Minuten kühl stellen.

Den Backofen auf 150 °C (Umluft) vorheizen. Das Teegebäck im heißen Ofen 20–25 Minuten backen und leicht abkühlen lassen. Den Puderzucker mit dem Zimt vermischen und die lauwarmen Kugeln darin wälzen. Das Gebäck in einer luftdichten Dose aufbewahren.

Kokosmakronen

Nach dem Backen tauche ich diese herrlich saftigen Makronen noch in etwas weiße Schokolade. Ein Gedicht!

ZUTATEN FÜR CA. 30 STÜCK:

2 Eiweiß
1 Prise Salz
80 g Puderzucker
abgeriebene Schale von ½ unbehandelten Zitrone
1 TL Zitronensaft
30 g Speisequark (20 % Fettanteil)
125 g Kokosraspel

ZUM EINTAUCHEN:

100 g weiße Kuvertüre

Backpapier für das Backblech

Den Backofen auf 160 °C (Umluft) vorheizen. Ein Backblech mit Backpapier auslegen.

Das Eiweiß und das Salz in einer Rührschüssel mit der Küchenmaschine oder den Quirlen des Handrührgeräts sehr steif schlagen. Den Puderzucker dazugeben und so lange weiter rühren, bis eine weiße Creme entsteht. Jetzt die Zitronenschale, den Zitronensaft und den Quark kurz unterrühren. Zum Schluss die Kokosraspel unterheben. Mithilfe von zwei Teelöffeln Makronen auf das Backblech setzen. Eventuell mit befeuchteten Fingern noch etwas nachmodellieren. Die Kokosmakronen im heißen Ofen 10–12 Minuten backen. Danach auf einem Kuchengitter auskühlen lassen.

In der Zwischenzeit die Kuvertüre grob hacken und über einem Wasserbad in einer Schüssel schmelzen lassen (siehe Tipp S. 17). Den Boden der Kokosmakronen in die Kuvertüre tauchen und die Kuvertüre trocknen lassen.

Springerle

Das Backen mit Modeln zählt zu den schönsten weihnachtlichen Traditionen. Unser Familienrezept stammt aus einem sehr alten badischen Kochbuch.

ZUTATEN FÜR CA. 60 STÜCK:

5 Eier (Zimmertemperatur)
1 Prise Salz
500 g Puderzucker
1 Msp. Hirschhornsalz
625 g Dinkelmehl, Type 630

etwas Dinkelmehl für die Arbeitsfläche
etwas Stärke zum Bepudern der Modeln
etwas Butter für das Backblech
1 EL Anis für das Backblech

Die Eier, das Salz und den Puderzucker mit der Küchenmaschine oder den Quirlen des Handrührgeräts in ca. 15 Minuten zu einer hellen, luftigen Creme aufschlagen. Das Hirschhornsalz mit ½ TL Wasser auflösen und unter die Creme rühren. Das Mehl sieben und wie bei einem Biskuitteig nach und nach mit einem Schneebesen unter die Eicreme rühren. Den Teig abgedeckt über Nacht im Kühlschrank ruhen lassen.

Etwa die Hälfte des Teiges auf einer leicht bemehlten Arbeitsfläche exakt 1 cm dick ausrollen. Den restlichen Teig wieder abdecken, er soll nicht austrocknen. Die Modeln hauchdünn mit Stärke bestäuben und in den Teig hineindrücken. Die Springerle mit einem Ausstecker in passender Größe ausstechen. Mit der zweiten Teighälfte genauso verfahren.

Damit die Springerle die typischen „Füßchen" bekommen, werden sie auf ein großes Backbrett gelegt und müssen über Nacht (15 bis max. 20 Stunden) an einem warmen Ort trocknen.

Den Backofen auf 140 °C (Umluft) vorheizen. Ein Backblech mit Butter einfetten und mit dem Anis bestreuen. Die Springerle auf das Blech legen und im heißen Ofen ca. 18 Minuten backen. Den Backofen erst am Ende der Backzeit öffnen. Die Springerle auf einem Gitter auskühlen lassen.

TIPP: Damit sie weich werden, die Springerle 2 Tage in einem Leinenbeutel kühl und luftig lagern (z.B. auf dem Balkon), danach in einer Dose aufbewahren.

Zitronenbrezeln

Diese Brezeln werden mit kleinen, gezuckerten Thymianzweigen und Rosenblüten festlich dekoriert.

ZUTATEN FÜR CA. 35 BREZELN:

150 g Dinkelmehl, Type 630
50 g Puderzucker
1 Prise Salz
abgeriebene Schale von ½ unbehandelten Zitrone
100 g kalte Butter
1 Eigelb

FÜR DEN GUSS:

75 g Puderzucker
3 TL Zitronensaft
1 Msp. abgeriebene Schale von 1 unbehandelten Zitrone

ZUM DEKORIEREN:

etwas Eiweiß
kleine, frische Thymianzweige
30 g heller Rohrohrzucker
kleine, getrocknete Rosenblüten

etwas Dinkelmehl für die Arbeitsfläche
Backpapier für das Backblech

Das Mehl, den Puderzucker, das Salz und die Zitronenschale in eine Rührschüssel geben. Die Butter in Würfel schneiden, hinzufügen und alles zu Streuseln vermengen. Zuletzt das Eigelb hinzugeben und alles rasch zu einem geschmeidigen Teig kneten. Den Teig abgedeckt 30 Minuten kühl stellen.

In der Zwischenzeit für die Dekoration das Eiweiß in einen tiefen Teller geben und leicht mit einer Gabel aufschlagen. Die Thymianzweige in das Eiweiß tauchen und mit dem Zucker betreuen. Danach trocknen lassen.

Auf einer leicht bemehlten Arbeitsfläche den Teig halbieren. Die erste Teighälfte 3 mm dick ausrollen und 7 cm breite Brezeln ausstechen. Mit der zweiten Teighälfte genauso verfahren. Ein Backblech mit Backpapier auslegen. Die Brezeln auf dem Blech 30 Minuten kühl stellen. In der Zwischenzeit den Backofen auf 160 °C (Umluft) vorheizen. Die Plätzchen im heißen Ofen in 13–14 Minuten knusprig backen und anschließend auf einem Kuchengitter auskühlen lassen.

Für den Guss alle Zutaten glattrühren und die Brezeln damit glasieren. Die Plätzchen zusätzlich mit den gezuckerten Thymianzweigen und Rosenblüten dekorieren.

Sternenzauber aus Papier

Für ganz viel weihnachtliche Magie!

DIES WIRD BENÖTIGT:

EIN SCHÖNES STÜCK PAPIER ODER TAPETE IN DER GRÖSSE DIN A4
SCHERE
LINEAL
1 FESTER BINDFADEN ODER EINE SCHNUR (MINDESTENS 70 CM LÄNGE)
KLEBESTIFT

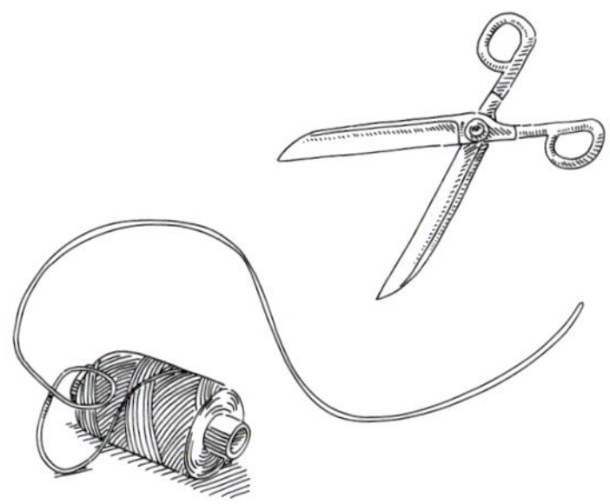

SO GEHT ES:

Das Papier quer in der Mitte falten und mit einer Schere halbieren, sodass zwei DIN A5 Stücke entstehen.

Nun das erste Papier von der kurzen, unteren Seite her 2 cm nach oben knicken. Das Papier umdrehen und ebenfalls von der gleichen, unteren Seite im selben Abstand nach oben knicken. Mit der Ziehharmonika-Faltung weiter fortfahren.

Sehr wichtig ist, darauf zu achten, dass das offene Ende in die gleiche Richtung zeigen muss wie der Anfang. Den Fächer in der Mitte falten und falzen.

Beide Flügel zusammenlegen und die Mitte mit einem festen Bindfaden fixieren und verknoten. Nun beide gefalteten Flügel zusammendrücken und an beiden Enden mit der Schere eine Spitze einschneiden. Zum Schluss die aneinandergrenzenden, offenen Seiten miteinander verkleben.

TIPP: Die Sterne lassen sich in verschiedenen Größen falten. Dafür einfach ein kleineres oder größeres Papier verwenden. Ich liebe diese Sterne am Fenster oder in ganz kleiner Größe dekoriert auf einem liebevoll verpackten Päckchen.

Kleine Haselnuss-Schokoladen-Cookies

ZUTATEN
FÜR CA. 40 STÜCK:

75 g Zartbitterschokolade (70 % Kakaoanteil)
60 g Butter
1 Ei
50 g heller Rohrohrzucker
1 Msp. gemahlene Vanille
120 g Dinkelvollkornmehl (alternativ Type 1050)
1 Prise Natron
1 Prise Backpulver
½ TL Instant-Espressopulver
1 Prise Salz
50 g geschälte, geröstete Haselnüsse
50 g Schokodrops

ZUM BESTÄUBEN:
etwas Puderzucker nach Belieben

Backpapier für das Backblech

Den Backofen auf 170 °C (Umluft) vorheizen. Die Schokolade zusammen mit der Butter in einer Metallschüssel über einem Wasserbad schmelzen.

Das Ei, den Zucker und die Vanille in eine Schüssel geben und mit den Quirlen des Handrührgeräts zu einer hellen Creme schaumig rühren. Jetzt in einem dünnen Strahl die Schokoladen-Buttermischung unter Rühren dazugeben. Das Mehl mit dem Natron, dem Backpulver, dem Espressopulver und dem Salz vermengen und kurz und schnell unter die Eiermasse rühren.

Die gerösteten Haselnüsse grob hacken und mit den Schokodrops unter den Teig heben. Ein Blech mit Backpapier auslegen. Jeweils einen gehäuften Teelöffel Teig nebeneinander auf das Backblech setzen und leicht flach drücken.

Die Cookies im heißen Ofen auf mittlerer Schiene 8–10 Minuten backen. Danach auskühlen lassen, nach Belieben mit etwas Puderzucker bestäuben und am besten luftdicht verschlossen in einer Dose aufbewahren.

TIPP: Die Cookies wirklich rechtzeitig aus dem Ofen nehmen, damit sie im Innern schön saftig bleiben.

Zeit für winterliche
FLORISTIK

MIT TROCKENBLÜTEN UND -GRÄSERN DEKORIEREN

Das bewusste Auswählen und das Kombinieren von schönen Naturmaterialien haben für mich etwas Meditatives. Jede Pflanze ist ein kleines Kunstwerk für sich. Die federleichte, zarte Struktur der getrockneten Blüten und Blätter verbinde ich gern mit frischem Grün zu einem eleganten, festlichen Arrangement.

Zimtsterne

Ein Klassiker! Inspirationen habe ich für dieses Rezept bei den königlichen Konditoren der Queen gesammelt.

ZUTATEN
FÜR CA. 50 STÜCK:

50 g Zitronat
2 Eiweiß
160 g heller Rohrohrzucker
1 Prise Salz
2 TL Zitronensaft
3 TL gemahlener Ceylon-Zimt (6 g)
200 g sehr fein gemahlene Mandeln

FÜR DIE GLASUR:
1 Eiweiß
1 Prise Salz
125 g Puderzucker

Backpapier für das Backblech und zum Ausrollen

Das Zitronat so fein wie möglich in winzige Würfel hacken. Das Eiweiß, den Zucker und das Salz in einer Rührschüssel kurz verrühren. Damit sich der Zucker leichter auflöst, die Mischung über einem Wasserbad kurz erwärmen. Danach mit dem Handrührgerät alles zu einer hellen Creme aufschlagen. Den Zitronensaft, den Zimt und die Mandeln gut untermengen. Die Masse abdecken und über Nacht im Kühlschrank ruhen lassen, so bekommt sie eine festere Konsistenz.

Am nächsten Tag ein Backblech mit Backpapier auslegen. Den Teig zwischen zwei Bögen Backpapier ca. 8 mm dick ausrollen. Mit einem Stern-Ausstecher 4 cm breite Sterne ausstechen und auf das Blech legen. Dabei die Ausstechform wiederholt in heißes Wasser tauchen, so klebt der Teig weniger daran fest. Die Teigreste immer wieder zusammenkneten, ausrollen und ausstechen, bis der Teig verbraucht ist.

Für die Glasur das Eiweiß und das Salz steif schlagen. Den Puderzucker hinzufügen und alles cremig rühren. Einen Spritzbeutel mit einer sehr feinen Lochtülle vorbereiten. Den Spritzbeutel in ein hohes Glas stellen, den oberen Rand umklappen und etwas Guss einfüllen. Die Oberfläche der Zimtsterne akkurat mit dem Guss glasieren.

Den Backofen auf 150 °C (Umluft) vorheizen. Die Sterne im heißen Ofen ca. 10 Minuten backen. Die Oberfläche soll schön hell bleiben. Nach dem Backen sind die Plätzchen innen noch etwas weich – köstlich! Nach dem Abkühlen in einer Dose aufbewahren, damit sie nicht austrocknen.

Anisplätzchen

... wie aus Kindertagen.

ZUTATEN
FÜR CA. 170 STÜCK:

½ EL Anis
2 Eier (Zimmertemperatur)
125 g Puderzucker
1 Prise Salz
Mark von ½ Vanilleschote (nach Belieben)
150 g Dinkelmehl, Type 630

etwas Butter für das Backblech

Das Backblech mit Butter einfetten. Den Anis in einer trockenen Pfanne leicht rösten, bis er duftet. Den Anis gleichmäßig auf das gefettete Backblech streuen.

Die Eier, den Puderzucker, das Salz und nach Belieben das Vanillemark mit der Küchenmaschine oder den Quirlen des Handrührgeräts in ca. 10 Minuten zu einer hellen, luftigen Creme aufschlagen. Das Mehl sieben, danach wie bei einem Biskuitteig mit einem Schneebesen unter die Eicreme rühren.

Den Spritzbeutel mit einer kleinen, 5 mm breiten Lochtülle vorbereiten. Den Beutel in ein hohes Glas stellen, den Spritzbeutel umklappen, etwas Teig einfüllen, oben festdrücken und gleichmäßig in kreisförmiger Handbewegung kleine Teigtupfen auf das Blech spritzen. Damit die Anisplätzchen ihre typischen „Füßchen" bekommen, müssen Sie jetzt ca. 3 Stunden bei Zimmertemperatur stehen, sodass die Oberfläche der Plätzchen trocken wird.

Den Backofen auf 150 °C (Umluft) vorheizen. Die Plätzchen im heißen Ofen 10–12 Minuten backen.

WICHTIGER TIPP: Erst gegen Ende der Backzeit den Ofen öffnen, damit die Anisplätzchen schön aufgehen. In einer Dose bleiben sie knusprig. Übrigens passen sie nicht nur zur Weihnachtszeit, sondern auch während des Jahres zu einem Espresso.

Advent

Der Frost haucht zarte Häkelspitzen
Perlmuttergrau ans Scheibenglas.
Da blühn bis an die Fensterritzen
Eisblumen, Sterne, Farn und Gras.
Kristalle schaukeln von den Bäumen,
Die letzten Vögel sind entflohn.
Leis fällt der Schnee …
In unseren Träumen
Weihnachtet es seit gestern schon.

Mascha Kaléko

Spekulatius aus dem Allgäu

Sie sind herrlich knusprig und duften nach den feinsten weihnachtlichen Gewürzen!

ZUTATEN FÜR CA. 45 STÜCK:

250 g Dinkelmehl, Type 630
100 g heller Rohrohrzucker
1 gehäufter TL gemahlener Ceylon-Zimt
1 Msp. gemahlener Kardamom
1 Msp. gemahlener Anis
1 Prise frisch geriebene Muskatnuss
1 Prise gemahlene Nelken
1 Prise Salz
1 Msp. abgeriebene Schale von 1 unbehandelten Zitrone
125 g kalte Butter
1 Ei, verquirlen und halbieren

ZUM BELEGEN:

ca. 150 g blanchierte, halbierte Mandeln

ZUM BESTREUEN:

1 EL heller Rohrohrzucker
½ TL gemahlener Ceylon-Zimt

etwas Dinkelmehl für die Arbeitsfläche
Backpapier für das Backblech

Das Mehl, den Zucker, die Gewürze, das Salz und die Zitronenschale in eine Rührschüssel geben und gut vermischen. Die Butter würfeln und dazugeben. Alles rasch mit der Hand vermengen, bis Brösel entstehen. Das ½ Ei verquirlen (siehe Tipp S. 17), die Hälfte hinzufügen und alles rasch zu einem Teig kneten. Den Teig halbieren und die erste Teighälfte auf einer leicht bemehlten Arbeitsfläche 3–4 mm dick ausrollen. Mit einem am Rand gewellten Ausstecher 5 cm große Quadrate ausstechen. Die zweite Teighälfte genauso ausrollen und ausstechen.

Ein Backblech mit Backpapier belegen. Die Plätzchen darauf legen und mit den Mandeln phantasievoll dekorieren, dabei die Mandeln leicht andrücken. Den Zucker und den Zimt mischen und jeweils 1 Prise auf die Mandeln streuen. Das Blech mit den Plätzchen 30 Minuten kühl stellen.

In der Zwischenzeit den Backofen auf 160 °C (Umluft) vorheizen. Die Spekulatius ca. 12 Minuten im heißen Ofen backen, bis sie leicht gebräunt sind. Danach auf einem Kuchengitter auskühlen lassen.

Königliches Shortbread

Dieses knusprig-buttrige Gebäck setzt jeder Teestunde ein Krönchen auf.

ZUTATEN FÜR ZWEI RUNDE SHORTBREADS:

150 g eiskalte Butter
75 g heller Rohrohrzucker
75 g Reismehl
150 g Dinkelmehl, Type 630
1 Prise Salz

ZUM BESTREUEN:
etwas heller Rohrohrzucker

etwas Dinkelmehl für die Arbeitsfläche
Backpapier für das Backblech

Die Butter in kleine Würfel schneiden und in eine Rührschüssel geben. Die restlichen Zutaten hinzufügen und mit der Küchenmaschine oder von Hand fein krümelig vermengen. Die Krümel rasch zu einem Teig zusammenfügen und nur sehr kurz kneten.

Den Teig auf einer leicht bemehlten Arbeitsfläche halbieren. Die erste Teighälfte zu einer Kugel formen und dann zu einem 1 cm dicken Kreis ausrollen. Eventuell mit den Händen noch etwas nachmodellieren. Mit einem großen Küchenmesser acht gleichgroße Tortenstücke in dem Kreis markieren. Mit der Rückseite einer Gabel den Rand des Kreises eindrücken, sodass ein Muster entsteht. Die Kreismitte mehrmals dekorativ einstechen. Die zweite Teighälfte genauso formen. Die Teige auf ein mit Backpapier ausgelegtes Backblech legen. Das Blech 30 Minuten kühl stellen.

Den Backofen auf 150 °C (Umluft) vorheizen. Die Shortbreads im heißen Ofen 25–30 Minuten backen, bis sie leicht zu bräunen beginnen. Nach dem Backen noch heiß mit etwas Zucker bestreuen, in Dreiecke aufschneiden und auf einem Kuchengitter auskühlen lassen. Zum Verschenken sieht es auch als ganzes, großes Shortbread wunderschön aus.

Nussknacker

Gewürzplätzchen

Schon die Äbtissin Hildegard von Bingen fand heraus: Die Gewürzmischung aus Zimt, Nelke und Muskat sorgt für gute Laune!

ZUTATEN FÜR CA. 70 STÜCK:

200 g frisch gemahlenes feines Dinkelvollkornmehl (alternativ Type 1050)
100 g gemahlene Mandeln
70 g heller Rohrohrzucker
1 Prise Salz
3 TL gemahlener Ceylon-Zimt
½ TL gemahlene Nelken
½ frisch geriebene Muskatnuss
125 g kalte Butter
1 Ei

Backpapier für das Backblech
etwas Dinkelmehl für die Arbeitsfläche

Das Mehl, die Mandeln, den Zucker, das Salz und die Gewürze in eine Rührschüssel geben. Die Butter in Würfel schneiden, hinzufügen und alles mit der Hand zu Streuseln vermengen. Zuletzt das Ei verquirlen, hinzugeben und einen geschmeidigen Teig kneten. Den Teig abgedeckt 30 Minuten kühl stellen. Ein Backblech mit Backpapier auslegen.

Auf einer leicht bemehlten Arbeitsfläche den Teig halbieren. Die erste Teighälfte 3 mm dick ausrollen und 5 cm breite Herzen mit gewelltem Rand ausstechen. Mit einem Holzstäbchen ein Loch in jedes Herz stechen, so lässt sich nach dem Backen ein Band durchfädeln. Mit der zweiten Teighälfte genauso verfahren. Die Herzen auf das Backblech setzen und 30 Minuten kühl stellen.

In der Zwischenzeit den Backofen auf 160 °C (Umluft) vorheizen. Die Plätzchen im heißen Backofen 13–14 Minuten backen und anschließend auf einem Kuchengitter auskühlen lassen. In einer luftdichten Dose bleiben die Gewürzplätzchen wunderbar knusprig.

Goldkrönchen

In diese Plätzchen kommt kein zusätzlicher Zucker. Sie sind perfekt zum Knuspern für die Kinder.

ZUTATEN FÜR CA. 40 STÜCK:

6 Medjool-Datteln
60 g Mandeln
60 g Rosinen
20 g feine Haferflocken
150 g Dinkelvollkornmehl (alternativ Type 1050)
1 Prise Salz
120 g kalte Butter

Backpapier für das Backblech
etwas Dinkelvollkornmehl für die Arbeitsfläche
ein Kronenausstecher

Zwei Backbleche mit Backpapier auslegen. Die Medjool-Datteln entsteinen und zusammen mit den Mandeln, den Rosinen, den Haferflocken, dem Mehl und dem Salz im Hochleistungsmixer fein vermahlen. Die kalte Butter in Stückchen schneiden, dazugeben und mit den trockenen Zutaten vermixen.

Den Teig herausnehmen und mit den Händen zu einer Kugel formen. Auf einer bemehlten Arbeitsfläche den Teig ca. 5 mm dick ausrollen. Dabei immer wieder mit der Palette unter den Teig fahren, so bleibt er nicht auf der Arbeitsfläche haften. Die Kronen ausstechen. Die Teigreste zu einer Kugel formen, leicht bemehlen und zum weiteren Ausstechen ausrollen. Die Plätzchen auf die Bleche verteilen und 30 Minuten kühl stellen.

In der Zwischenzeit den Backofen auf 150 °C (Umluft) vorheizen. Das Gebäck im heißen Backofen 10 Minuten auf der mittleren Schiene knusprig backen. Danach auskühlen lassen und luftdicht verschlossen aufbewahren.

König Nussknacker, so heiß ich.

König Nussknacker, so heiß ich.
Harte Nüsse, die zerbeiß ich.
Süße Kerne schluck ich fleißig;
Doch die Schalen, ei, die schmeiß ich
Lieber andern hin,
weil ich König bin.
Aber seid nicht bang!
Zwar mein Bart ist lang
Und mein Kopf ist dick
Und gar wild mein Blick;
Doch was tut denn das?
Tu kei'm Menschen was,
Bin im Herzensgrund,
Trotz dem großen Mund,
Ganz ein guter Jung,
Lieb Veränderung,
Amüsier mich gern
Wie die großen Herrn;
Arbeit wird mir schwer,
Und dann mag ich sehr
Frommen Kindersinn,
Weil ich König bin.

August Heinrich Hoffmann
von Fallersleben

Glasierte Taler

ZUTATEN
FÜR CA. 50 STÜCK:

100 g weiche Butter (Zimmertemperatur)
50 g heller Rohrohrzucker
50 g Dattelsirup
1 Eigelb
1 Msp. Backpulver
2 TL gemahlener Ceylon-Zimt
1 TL gemahlener Ingwer
1 Msp. gemahlene Nelken
1 Msp. gemahlener schwarzer Pfeffer
1 Prise Salz
240 g Dinkelmehl, Type 630

FÜR DIE GLASUR:
20 g Butter
80 g Puderzucker
1 EL Zitronensaft

Backpapier für das Backblech
etwas Dinkelmehl für die Arbeitsfläche

Die Butter, den Rohrohrzucker und den Dattelsirup in eine Schüssel geben und mit der Küchenmaschine oder mit den Quirlen des Handrührgeräts zu einer Creme aufschlagen. Der Zucker sollte sich ganz auflösen. Das Eigelb hinzufügen und gut unterrühren. Das Backpulver, die Gewürze, das Salz und das Mehl vermischen und nur sehr kurz unter die Masse rühren.

Ein Backblech mit Backpapier auslegen. Den Backofen auf 175 °C (Umluft) vorheizen.

Auf einer bemehlten Arbeitsfläche den Teig kurz durchkneten und halbieren. Die Teighälften jeweils gleichmäßig 3 mm dick ausrollen und die Teige vor dem Ausstechen mit einer langen Palette von der Arbeitsfläche lösen. Mit einem runden Ausstecher mit gewelltem Rand 5 cm große Kreise ausstechen. Für die Verzierung der Oberfläche verschiedene Kristallgläser oder kleine Glasteller mit schöner Struktur auswählen und die Plätzchen kurz darauf drücken, lösen und auf das Backblech legen. Die Taler im heißen Ofen in ca. 10 Minuten goldbraun backen.

In der Zwischenzeit für die Glasur die Butter in einem kleinen Topf schmelzen lassen, nicht bräunen. Danach mit dem Puderzucker und dem Zitronensaft verrühren. Nach Bedarf noch ein paar Tropfen Wasser hinzugeben.

Die Taler aus dem Ofen nehmen, kurz stehen lassen und noch warm mit dem Guss bestreichen. Wenn der Guss trocken ist, die Kekse in einer Dose aufbewahren, damit sie schön knusprig bleiben.

Kardamom-Haselnuss-Plätzchen

Mit ihrer feinen Gianduja-Füllung sind diese Plätzchen ein Favorit auf dem Gebäckteller.

ZUTATEN FÜR CA. 80 STÜCK:

125 g frisch gemahlenes feines Dinkelvollkornmehl
75 g fein gemahlene Haselnüsse
60 g heller Rohrohrzucker
1 Prise Salz
¼ TL gemahlener Kardamom
100 g kalte Butter
1 Eigelb

ZUM BESTREUEN:

1 EL Rohrohrzucker
1 TL Ceylon-Zimt

FÜR DIE GIANDUJA ZUM FÜLLEN:

75 g dunkle Kuvertüre
30 g gemahlene, geröstete Haselnüsse
15 g Puderzucker
15 ml mildes Olivenöl
1 Prise Salz

ZUM DEKORIEREN:

50 g dunkle Kuvertüre
ca. 80 geschälte, geröstete Haselnüsse

Backpapier für das Backblech
etwas Dinkelmehl für die Arbeitsfläche

Ein Backblech mit Backpapier auslegen. Das Mehl, die Haselnüsse, den Zucker, das Salz und den Kardamom in eine Rührschüssel geben. Die Butter in Würfeln hinzufügen und alles mit der Hand zu Streuseln vermengen. Zuletzt das Eigelb dazugeben und alles zu einem geschmeidigen Teig kneten. Den Teig abgedeckt 30 Minuten kühl stellen.

Auf einer leicht bemehlten Arbeitsfläche den Teig halbieren. Die erste Teighälfte 3 mm dick ausrollen und 3,5 cm breite Kreise mit gewelltem Rand ausstechen. Die Oberfläche leicht mit Zimt und Zucker bestreuen. Mit der zweiten Teighälfte genauso verfahren. Die Plätzchen auf das Backblech setzen und 30 Minuten kühl stellen.

In der Zwischenzeit den Backofen auf 160 °C (Umluft) vorheizen. Die Kekse im heißen Ofen 13–14 Minuten backen, danach auf einem Kuchengitter auskühlen lassen.

Für die Gianduja die Kuvertüre über einem Wasserbad schmelzen (siehe Tipp S. 17) und die restlichen Zutaten nach und nach unterrühren. Zum Füllen je ein Plätzchen mit etwas Nusscreme bestreichen, ein zweites Plätzchen daraufsetzen.

Zum Dekorieren die Kuvertüre über einem Wasserbad schmelzen, je eine Haselnuss zur Hälfte eintauchen und mit der Schokolade nach unten auf ein Nussplätzchen setzen.

3635 P.
10 MÈTRES
Pat. 2500
N° 3
10 MÈTRES
CABLE LOUIS D'OR 6 FILS
30
20 FRANCS
WF
Pon 2612
10 MÈTRES Fix
N° 9
Col. 21
DMC CABLE 6 FILS
40

Doppeldecker

Diese Kekse sind mit Schokolade glasiert und mit Kaffeekaramell gefüllt. Eine himmlische Kombination!

ZUTATEN FÜR CA. 40 STÜCK:

35 g feine Haferflocken
120 g Dinkelvollkornmehl (alternativ Type 1050)
60 g frische Walnusskerne
50 g heller Rohrohrzucker
1 Prise Salz
100 g kalte Butter

FÜR DEN KAFFEE-KARAMELL:

75 g feiner heller Rohrohrzucker
3 EL Wasser
55 g Butter
1 Prise Fleur de Sel
50 ml Sahne (Zimmertemperatur)
1 gehäufter TL Instant-Espressopulver

150 g dunkle Kuvertüre (70% Kakaoanteil)

ZUM BESTÄUBEN:

etwas Puderzucker

Backpapier für das Backblech
etwas Mehl für die Arbeitsfläche

Ein Blech mit Backpapier auslegen.

Für den Teig die trockenen Zutaten in einem Multimixer fein vermahlen. Die Butter in kleinen Stückchen hinzufügen und alles vermixen. Die Masse mit den Händen zu einer Kugel formen und auf einer leicht bemehlten Arbeitsfläche 3 mm dick ausrollen. Dabei immer wieder mit einer Palette unter den Teig fahren, sodass er nicht haften bleibt. Mit einem geriffelten Kreisausstecher 4 cm breite Kreise ausstechen, auf das Blech legen und 30 Minuten kühl stellen.

In der Zwischenzeit den Backofen auf 170 °C (Umluft) vorheizen und den Karamell wie auf S. 32 herstellen. Anstelle von Vanille, das Instant-Espressopulver zum Schluss unterrühren und den Karamell in einem feuerfesten Gefäß abkühlen lassen.

Die Kekse im heißen Ofen auf der mittleren Schiene in 12 Minuten knusprig backen. Abkühlen lassen.

Die Kuvertüre über einem Wasserbad schmelzen lassen (siehe Tipp S. 17). Die Hälfte der Kekse mit einer Gabel in die Schokolade tauchen, abtropfen und auf einem Kuchengitter trocknen lassen.

Auf jeden hellen Keks mit zwei Teelöffeln je einen haselnussgroßen Tupfer Kaffeekaramell setzen. Darauf mittig einen Schokoladenkeksdeckel legen und den Doppeldecker zwischen Daumen und Zeigefinger vorsichtig zusammendrücken, sodass sich der Karamell verteilt. Mit Puderzucker zart bestäuben. Die Doppeldecker halten sich luftdicht in einer Dose verschlossen am längsten frisch.

Rayonne
½ CUP
GRANDS PRIX·1900
LILLE
500 YARDS

Marzipan-Nussmakronen

ZUTATEN
FÜR 20 STÜCK:

75 g Honigmarzipan
100 g Eiweiß
(von 3–4 Eiern)
140 g gemahlene, geröstete Haselnüsse
100 g heller Rohrohrzucker
10 g Dinkelvollkornmehl (alternativ Type 1050)
1 Prise Natron
1 Msp. gemahlener Ceylon-Zimt
1 Prise gemahlene Nelken
1 Prise gemahlener Kardamom
abgeriebene Schale von ½ unbehandelten Zitrone
20 Oblaten (⌀ 5–6 cm)
20 Walnusshälften

ZUM BESTREICHEN:
etwas Ahornsirup

Backpapier für das Backblech

Ein Blech mit Backpapier auslegen. Das Marzipan mit dem Eiweiß, den gemahlenen Haselnüssen und dem Zucker in einem Topf zu einer homogenen Masse vermengen und auf dem Herd bei milder Hitze unter ständigem Rühren so lange erwärmen, bis sich der Teig vom Topfboden löst. Nun das Mehl mit dem Natron, dem Zimt, den Nelken und dem Kardamom vermischen und unter die Haselnussmasse rühren. Zum Schluss die Zitronenschale hinzufügen. Die Oblaten auf dem Blech verteilen. Die Nussmasse mithilfe einer 10 mm breiten Spritztülle oder mit dem Teelöffel auf die Oblaten verteilen. In die Mitte jeweils eine Walnusshälfte hineindrücken. Die Makronen über Nacht ruhen lassen.

Am nächsten Tag den Backofen auf 160 °C (Umluft) vorheizen und die Makronen in 20 Minuten im heißen Ofen auf der mittleren Schiene goldbraun backen. Anschließend mit Ahornsirup bepinseln. Luftdicht in einer Dose verschlossen bleiben sie lange frisch.

Engelsherzen

Sind sie nicht zauberhaft? Vor dem Backen wird in jede Teigkugel ein kleines Herz modelliert.

ZUTATEN FÜR CA. 50 STÜCK:

120 g Dinkelmehl, Type 630
35 g Puderzucker
1 TL Bourbon-Vanillezucker
abgeriebene Schale von ¼ unbehandelten Zitrone
1 Prise Salz
75 g kalte Butter
1 Eigelb

FÜR DIE FÜLLUNG:

200 g Himbeergelee

ZUM BESTÄUBEN:

etwas Puderzucker

Backpapier für das Backblech
etwas Dinkelmehl für die Arbeitsfläche

Ein Backblech mit Backpapier auslegen. Für den Teig das Mehl, den Puderzucker, den Vanillezucker, die Zitronenschale und das Salz in eine Rührschüssel geben. Die Butter in Würfeln hinzufügen und alles von Hand fein zerkrümeln. Das Eigelb zugeben und alles rasch zu einem glatten Teig zusammenkneten. Den Teig abgedeckt 30 Minuten kühl stellen.

Den Teig auf einer leicht bemehlten Arbeitsfläche zu einer 2,5 cm dicken Rolle formen. Von der Rolle ca. 1 cm breite Scheiben abschneiden und diese zu kirschgroßen Kugeln formen. Die Kugeln auf das Blech setzen, dabei jede Kugel etwas flach drücken und in die Mitte mit einem Holzstäbchen eine kleine Vertiefung in Herzform modellieren.

TIPP: Besonders schnell geht eine runde Vertiefung mit einem Kochlöffel!

Die Engelsherzen 15 Minuten kühl stellen.

In der Zwischenzeit den Backofen auf 160 °C (Umluft) vorheizen. Die Engelsherzen 14–15 Minuten im heißen Ofen backen, bis sie leicht goldbraun sind. Danach mit etwas Puderzucker bestäuben.

Das Himbeergelee bei milder Hitze in einem kleinen Topf erwärmen. Mit einem Teelöffel etwas Gelee jeweils in die Mitte der Plätzchen füllen und fest werden lassen.

Oh du mein Hampelmann

In Oberammergau werden noch Hampelmänner nach alter Tradition geschnitzt. Ein Werkstattbesuch voller Glücksmomente.

Von Schwangau ins Ammertal schlängelt sich die Straße auf der Tiroler Seite in sanften Kurven am Plansee entlang. Von unberührter Schönheit ist hier die wilde Gebirgslandschaft. „Diese Gegend wird auch Klein-Kanada genannt“, erzählt uns Markus Wagner, als wir in seiner Werkstatt ankommen. Das stattliche Bergdorf Oberammergau ist berühmt für seine Passionsfestspiele und auch für die Holzschnitzkunst. Zum Weihnachtsfest wurden hier schon immer die schönsten Krippen geschnitzt. Die vergilbten Auftragsbücher aus längst vergessener Zeit dokumentieren aber noch etwas anderes: Bis Ende des 19. Jahrhunderts war der Ort eine Hochburg der Spielzeugmacher. Tausende von Hampelmännern, die sogenannten Schnürlkasperl, wurden geschnitzt, bemalt und in die ganze Welt verkauft. Die Nachfrage hielt so lange an, bis Blechspielzeug und Figuren aus Pappmaché die handgeschnitzten Hampelmänner verdrängten. Die letzten Exemplare fanden ihren Weg ins örtliche Heimatmuseum. Sie gerieten in Vergessenheit, bis der Holzbildhauer Markus Wagner den Entschluss fasste, die Produktion der Kasperl wieder aufleben zu lassen. Welch ein Glück! Drinnen duftet es nach einer Mischung aus Farben, Holzspänen und Leim. Die ganze Szenerie erinnert an ein Marionettentheater. Grazile Balletttänzerinnen, anmutige Geigenspieler, Nikoläuse im roten Gewand, schwebende Goldengel und dazwischen Ihre Hoheit König Ludwig II. Unter dem Himmel voller Fadengaukler sitzt schließlich der Meister, der in das Schnitzen eines Harlekins vertieft ist. „Für den Körper und die Gliedmaßen benutze ich langsam gewachsenes Bergfichtenholz, für den Kopf das weichere Zirbenholz“, erklärt Markus Wagner. Scheinbar mühelos spaltet er dünne Schindelbrettchen zurecht, die er danach mit dem Schnitzmesser noch in die gewünschte Form bringt. Kleine Hartholznägel verbinden die Einzelteile, eine geknüpfte Schnur sorgt für die Beweglichkeit der Schnürlkasperl. Wenn der Rohling fertig ist, wird er von Hand geschliffen und fein bemalt. Bevor die Adventszeit beginnt, müssen noch viele Hampelmänner fertig gestellt und verpackt werden. Denn bald gehen Sie auf die Reise! Markus Wagner nimmt die fröhliche Gesellschaft mit nach Dresden, wo sie in jedem Jahr auf dem Weihnachtsmarkt zu bestaunen sind.

Trommelwirbel für das **HANDWERK**

KUNSTVOLL GESCHNITZT UND BEMALT

Schnürlkasperl werden in Oberammergau noch heute von Hand gefertigt. Die Köpfe der Kasperl sind aus Zirbenholz geschnitzt. Körper, Arme und Beine entstehen aus Bergfichtenholz. Nach dem Schleifen und Grundieren wird jeder Kasperl fein bemalt und bekommt so seinen individuellen Charakter.

Linzerschnitten

ZUTATEN FÜR CA. 20 STÜCK:

100 g weiche Butter (Zimmertemperatur)
50 g heller Rohrohrzucker
1 Prise Salz
1 kleines Ei (30 g)
1 EL Rum
130 g Dinkelmehl, Type 630
½ TL Backpulver
1 gehäufter TL gemahlener Ceylon-Zimt
1 Messerspitze gemahlene Nelken
100 g gemahlene, geröstete Haselnüsse

ZUM FÜLLEN:
250 g Himbeerkonfitüre

ZUM BESTREUEN:
etwas Puderzucker

etwas Butter und Dinkelmehl für die Form
etwas Dinkelmehl für die Arbeitsfläche

Eine rechteckige Tarteform mit Hebeboden (36 x 12 cm) einfetten und leicht bemehlen. Die Butter zusammen mit dem Rohrohrzucker und dem Salz in eine Rührschüssel geben und mit den Quirlen des Handrührgeräts zu einer hellen Creme aufschlagen. Das Ei verquirlen und 30 g abwiegen. Das abgewogene Ei und den Rum unter die Masse rühren. Das Mehl zusammen mit dem Backpulver, den Gewürzen und den Nüssen vermischen und nur kurz unter den Teig rühren.

Den Backofen auf 180 °C (Umluft) vorheizen. 275 g Teig für den Boden abwiegen und in die Form geben. Mit leicht bemehlten Händen den Teig flach drücken.

Die Himbeerkonfitüre glattrühren und auf dem Boden verstreichen. Den restlichen Teig zu einer ca. 30 cm langen Rolle formen und auf einer bemehlten Arbeitsfläche etwa 4 mm dick ausrollen. Mit einem Teigrädchen 1,5 cm breite Streifen ausschneiden und diese in einem rautenförmigen Gitter auf die Konfitüre legen.

Die Linzertarte im heißen Ofen in ca. 30 Minuten goldbraun backen. Auskühlen lassen, anschließend aus der Form heben und in 2 cm breite Streifen schneiden. Wer mag, kann diese in der Länge auch halbieren.

Damit sich das Aroma gut entfalten kann, sollten die Linzerschnitten 2–3 Tage durchziehen. Vor dem Servieren mit etwas Puderzucker bestäuben.

Der Geschmack und der Duft von Linzerschnitten erinnern mich so sehr an die gemütliche Küche meiner Oma. In ihrem alten Kohleofen brennt immer ein Feuer.

Rosinen-Walnuss-Schneckchen

ZUTATEN
FÜR CA. 40 STÜCK:

FÜR DIE FÜLLUNG:
75 g Rosinen (Blaue Weinbeeren)
50 g Walnusskerne
65 g Sahne
1 EL Honig
½ TL gemahlener Ceylon-Zimt

FÜR DEN TEIG:
90 g weiche Butter (Zimmertemperatur)
1 EL heller Rohrohrzucker
1 Päckchen Bourbon-Vanillezucker
1 Prise Salz
1 Ei
75 g Dinkelvollkornmehl (alternativ Type 1050)
75 g Dinkelmehl, Type 630
½ TL Backpulver

etwas Dinkelmehl für die Arbeitsfläche
Backpapier für das Backblech

Für die Füllung die Rosinen und die Walnusskerne sehr fein hacken. Die Sahne, den Honig und den Zimt in einen Topf geben und einmal kurz aufkochen. Die Nüsse und die Rosinen untermengen, erneut kurz aufkochen und beiseitestellen.

Für den Teig die Butter, den Zucker, den Vanillezucker und das Salz mit den Quirlen eines Handrührgeräts zu einer hellen Creme schaumig schlagen. Das Ei verquirlen und die Hälfte unter die Butter-Zucker-Masse rühren. Die Mehle mit dem Backpulver vermengen und kurz und schnell unter die Masse rühren. Den Teig mit den Händen zu einer Kugel formen und auf einer leicht bemehlten Arbeitsfläche zu einem Rechteck von 25 x 35 cm ausrollen. Dabei immer wieder mit einer Palette unter den Teig fahren, so bleibt er nicht an der Arbeitsfläche haften. Mit einem nassen Esslöffel die Füllung gleichmäßig auf dem Teig verteilen. Die Teigränder mit einem Messer begradigen und das Rechteck von der Längsseite her aufrollen. Die Teigrolle abdecken und im Kühlschrank oder im Gefrierfach so lange kühlen, bis sie fest ist. Das dauert ca. 30 Minuten.

In der Zwischenzeit ein Blech mit Backpapier auslegen und den Backofen auf 170 °C (Umluft) vorheizen. Mit einem großen Küchenmesser von der Teigrolle 8 mm dicke Scheiben abschneiden und die Schnecken auf das Blech legen. Wer mag, kann die Schnecken mithilfe der beiden Zeigefinger noch ein wenig nachmodellierten, damit sie gleichmäßig rund sind. Die Schnecken im heißen Ofen auf der mittleren Schiene 12 Minuten backen. Das Gebäck auf einem Kuchengitter abkühlen lassen und am besten luftdicht in einer Dose verschlossen lagern.

Diese Schnecken sind herrlich fruchtig und schön zu einem Earl-Grey-Tee.

Knusperhäuschen

Das Schöne im Dezember ist immer auch die Gastlichkeit. Als kleine Überraschung auf jedem Teller der Gäste ist so ein Häuschen entzückend.

ZUTATEN FÜR 24 STÜCK:

100 g Dinkelmehl, Type 630
75 g sehr fein gemahlene Haferflocken
1 Prise Salz
50 g heller Rohrohrzucker
2 TL gemahlener Ceylon-Zimt
100 g kalte Butter
1 Eigelb

FÜR DUNKLE HÄUSCHEN:

1 TL Kakaopulver

FÜR DIE FÜLLUNG:

200 g Himbeerkonfitüre

ZUM BESTÄUBEN:

etwas Puderzucker

Backpapier für das Backblech
etwas Dinkelmehl für die Arbeitsfläche

Ein Backblech mit Backpapier auslegen. Das Mehl, die Haferflocken, das Salz, den Zucker und den Zimt in eine Schüssel geben. Für die dunkle Variante auch das Kakaopulver dazugeben. Die Butter in Würfeln hinzufügen und alles von Hand fein zerkrümeln. Das Eigelb zugeben und alles rasch zu einem glatten Teig kneten. Den Teig abgedeckt 30 Minuten kühl stellen.

Den Teig auf einer leicht bemehlten Arbeitsfläche gleichmäßig 3 mm dick ausrollen.
Die Haus-Schablonen (siehe rechts) auf den Teig legen und mit einem kleinen Messer den Keks ausschneiden. Bei der Hälfte der Häuschen kleine Herzen ausstechen. Die Kekse auf das Blech legen und 15 Minuten kühl stellen.

In der Zwischenzeit den Backofen auf 160 °C (Umluft) vorheizen. Die Häuschen im heißen Ofen in 15 Minuten knusprig backen. Danach auf einem Kuchengitter auskühlen lassen.

Die Himbeerkonfitüre in einem Topf erwärmen.
Die unteren Kekse mit der Konfitüre bestreichen, die oberen, mit ausgestochenem Herz, daraufsetzen und leicht andrücken. Das Dach mit Puderzucker bestäuben.

Kleine Schablonen zum Backen

Papiermuster für Knusperhäuschen und Nussknacker ganz leicht selbst machen

KNUSPERHÄUSCHEN:
Ein Pergamentpapier auf das abgebildete Muster legen, das Haus abpausen und ausschneiden. Das Papiermuster auf den ausgrollten Teig legen und mit einem kleinen spitzen Messer den Teig ausschneiden. Das kleine Herz ebenfalls ausschneiden oder einen Ausstecher in Herzform zu Hilfe nehmen.

NUSSKNACKER: Ein Rechteck (2,5 x 8 cm) als Papiermuster zuschneiden. Das Muster auf den Teig legen und den Teig ausschneiden. Alternativ die Rechtecke mit einem Lineal auf dem Teig markieren. Zum Aufhängen bohrt man mit einem Holzstäbchen ein Loch in jedes Plätzchen. Nach dem Backen mit einem feinen Pinsel den Zuckerguss aufmalen.

Nussknacker-Pfefferkuchen

Das feine Bemalen der Pfefferkuchen macht in großer Runde so viel Freude.

ZUTATEN FÜR CA. 70 STÜCK:

150 g Butter
125 g heller Rohrohrzucker
150 ml Zuckerrübensirup
2 TL gemahlener Ceylon-Zimt
1 TL gemahlener Ingwer
½ TL gemahlene Nelken
1 Prise Salz
1 Ei, Kl. L
1 TL Natron
360 g Dinkelmehl, Type 630

FÜR DEN GUSS:

1 Eiweiß
120 g Puderzucker
2 TL Zitronensaft

Backpapier für das Backblech
etwas Dinkelmehl für die Arbeitsfläche

Die Butter mit dem Zucker, dem Sirup, den Gewürzen und dem Salz in einen Topf geben und bei milder Hitze unter Rühren schmelzen lassen. Den Topf vom Herd nehmen. Wenn die Mischung etwas abgekühlt ist, das verquirlte Ei unterrühren.

Die Masse in eine Rührschüssel füllen. Das Natron mit dem Mehl vermischen und mit einem Kochlöffel unter den Teig rühren. Zum Schluss noch kurz mit der Hand durchkneten. Den Teig in einer geschlossenen Box über Nacht im Kühlschrank ruhen lassen.

Am nächsten Tag ein Backblech mit Backpapier auslegen. Den Backofen auf 160 °C (Umluft) vorheizen.

Die Hälfte des Teiges auf einer leicht bemehlten Arbeitsfläche 5 mm dick ausrollen und Rechtecke von 2,5 x 8 cm ausschneiden (siehe Schablone S. 111). Mit einem Holzstäbchen in jedes Rechteck am oberen Rand ein Loch stechen. Die Plätzchen auf das Blech legen und im heißen Ofen 12–14 Minuten backen. Danach auf einem Gitter auskühlen lassen.

Für den Guss das Eiweiß steif schlagen, den Puderzucker und den Zitronensaft dazugeben. Mit einem feinen Pinsel Nussknacker (siehe Tipp S. 111) auf die Pfefferkuchen malen, trocknen lassen und als Dekoration aufhängen.

„Eigentlich mochte Marie sich deshalb gar nicht von dem Weihnachtstisch trennen, weil sie eben etwas noch nicht Bemerktes entdeckt hatte. Durch das Ausrücken von Fritzens Husaren, die dicht an dem Baum in Parade gehalten, war nämlich ein sehr vortrefflicher kleiner Mann sichtbar geworden, der still und bescheiden dastand, als erwarte er ruhig, wenn die Reihe an ihn kommen werde. Gegen seinen Wuchs wäre freilich vieles einzuwenden gewesen, denn abgesehen davon, dass der etwas lange, starke Oberleib nicht so recht zu den kleinen dünnen Beinchen passen wollte, so schien auch der Kopf bei weitem zu groß. Vieles machte die propre Kleidung gut, welche auf einen Mann von Geschmack und Bildung schließen ließ. Er trug nämlich ein sehr schönes violettglänzendes Husarenjäckchen mit vielen weißen Schnüren und Knöpfchen, ebensolche Beinkleider und die schönsten Stiefelchen, die jemals an die Füße eines Studenten, ja wohl gar eines Offiziers gekommen sind."

Aus: E. T. A. HOFFMANN
Nussknacker und Mausekönig

Restaurant
Aquila
Der Barfußladen
GUGGEMOS
IMMOBILIEN

Schnelle Alpenkipferl

Die ausgestochene Variante der Kipferl macht besonders viel Spaß beim Backen.

ZUTATEN
FÜR CA. 50 STÜCK:

175 g Dinkelmehl, Type 630
110 g gemahlene Haselnüsse
60 g heller Rohrohrzucker
1 Prise Salz
125 g kalte Butter

ZUM WÄLZEN:
50 g heller Rohrohrzucker
2 TL gemahlener Ceylon-Zimt

Backpapier für das Backblech
etwas Dinkelmehl für die Arbeitsfläche

Ein Backblech mit Backpapier auslegen.

Das Mehl, die Haselnüsse, den Zucker und das Salz in eine Rührschüssel geben. Die Butter in Würfel schneiden und hinzufügen. Mit der Hand alles fein zerkrümeln und danach rasch zu einem glatten Teig zusammenkneten. Den Teig abgedeckt 30 Minuten kühl stellen.

Auf einer leicht bemehlten Arbeitsfläche den Teig 1 cm dick und quadratisch ausrollen. Mit einem runden Ausstecher (4 cm) Kipferl ausstechen. Dafür zuerst vom unteren Rand mit einem Halbkreis beginnen, danach die Ausstechform immer wieder ein Stück nach oben versetzen und Halbmonde ausstechen. Die Kipferl auf das Backblech setzen und 15 Minuten kühl stellen.

Den Backofen auf 160 °C (Umluft) vorheizen. Die Kekse im heißen Ofen 15 Minuten backen. Auf einem Kuchengitter auskühlen lassen und anschließend weitere 3–4 Minuten bei 160 °C (Umluft) backen. So werden sie besonders knusprig. Die Kipferl noch warm in der Zimt-Zucker-Mischung wälzen.

Haselnusshäubchen

Sie gehören an Weihnachten immer auf den Gebäckteller!

ZUTATEN
FÜR CA. 100 STÜCK:

190 g Dinkelvollkornmehl (alternativ Type 1050)
50 g Puderzucker
1 Prise gemahlener Ceylon-Zimt
1 Prise frisch geriebene Muskatnuss
125 g kalte Butter
1 Ei

FÜR DIE FÜLLUNG:
200 g gemahlene, geröstete Haselnüsse
150 g heller Rohrohrzucker
4 Eiweiß (130 g)
160 g geschälte Haselnüsse

Backpapier für das Backblech
etwas Mehl für die Arbeitsfläche

Das Mehl, den Puderzucker, den Zimt und den Muskat in eine Schüssel geben. Die Butter in kleinen Stückchen dazugeben. Das Ei verquirlen, die Hälfte zum Teig geben, den Rest beiseitestellen. Die Zutaten mit der Hand oder mit der Küchenmaschine zu einem glatten Teig verkneten und zu einer Kugel formen. Ein Blech mit Backpapier auslegen.

Auf einer leicht bemehlten Arbeitsfläche den Teig 3 mm dick ausrollen. Dabei immer wieder mit der Palette unter den Teig fahren, so bleibt er nicht an der Arbeitsplatte haften und lässt sich leichter ausstechen. Mit einem geriffelten Kreisausstecher 4 cm große Kreise ausstechen und auf das Blech legen. Die Kekse 30 Minuten kühl stellen.

Den Backofen auf 160° C (Umluft) vorheizen. Die gekühlten Kekse mit dem restlichen Ei bestreichen.

Für die Füllung die gemahlenen Haselnüsse mit dem Zucker und dem Eiweiß in einen Topf geben und auf dem Herd bei milder Hitze unter ständigem Rühren so lange erwärmen, bis sich der Teig vom Topfboden löst.

Einen Spritzbeutel mit einer 10 mm breiten Lochtülle vorbereiten. Den Spritzbeutel in ein hohes Glas stellen, den oberen Rand umklappen. Die Masse einfüllen und kirschgroße Tupfer auf die Mürbeteigböden setzen. Zum Schluss in die Mitte eine Haselnuss hineindrücken.

Die Haselnusshäubchen im heißen Ofen in 10 Minuten auf der mittleren Schiene goldbraun backen.

Mokka-Schiffchen

Zum Dekorieren der Schiffchen verwende ich traditionell Mokkabohnen aus feinster Bitterschokolade.

ZUTATEN FÜR CA. 25 STÜCK:

125 g Dinkelmehl, Type 630
45 g fein gemahlene Mandeln
1 Prise Salz
1 TL Instantkaffee (100% Arabica)
65 g kalte Butter
1 Eigelb

FÜR DIE FÜLLUNG:

40 g weiche Butter (Zimmertemperatur)
30 g Puderzucker
1 TL Instantkaffee (100% Arabica)
1 TL Rum
1 kleine Prise Salz

FÜR DEN GUSS:

45 g Puderzucker
10 ml heißes Wasser
½ TL Instantkaffee (100% Arabica)
25 Mokkabohnen aus Schokolade

Backpapier für das Backblech
etwas Dinkelmehl für die Arbeitsfläche

Das Mehl, die Mandeln, das Salz und den löslichen Kaffee in eine Rührschüssel geben. Die Butter in kleinen Würfeln hinzufügen und alles mit der Hand zu Streuseln vermengen. Zuletzt das Eigelb dazugeben und alles rasch zu einem geschmeidigen Mürbeteig verkneten. Den Teig abgedeckt 30 Minuten kühl stellen.

Ein Backblech mit Backpapier auslegen. Auf einer leicht bemehlten Arbeitsfläche den Teig 2–3 mm dick ausrollen und 6 x 3 cm große Schiffchen (Ovale) ausstechen. Die Plätzchen auf das Blech legen und 15 Minuten kühl stellen.

In der Zwischenzeit den Backofen auf 160 °C (Umluft) vorheizen. Die Schiffchen im heißen Backofen 13–14 Minuten backen, danach auf einem Kuchengitter auskühlen lassen.

Für die Füllung die Butter in einen hohen, schmalen Rührbecher geben und cremig rühren. Die restlichen Zutaten dazugeben und unterrühren. Jeweils ein Schiffchen dünn mit der Mokkacreme bestreichen und ein zweites als Deckel obendrauf setzen. Auf diese Weise alle Plätzchen füllen.

Für den Guss alle Zutaten in einer kleinen Schüssel glattrühren. Die Mokkaschiffchen damit dünn bestreichen, dabei einen kleinen Rand freilassen. Zum Schluss auf jedes Plätzchen eine Mokkabohne setzen und den Guss trocknen lassen.

Feinherbe Orangenplätzchen

Die Verbindung von Orangen und dunkler Schokolade ist ein süßer Traum.

ZUTATEN FÜR CA. 70 STÜCK:

260 g Dinkelmehl, Type 630
1 Prise Salz
120 g heller Rohrohrzucker
2 TL gemahlener Ceylon-Zimt
abgeriebene Schale von ½ unbehandelten Orange
170 g kalte Butter
1 Ei

ZUM EINTAUCHEN:

150 g dunkle Kuvertüre

ZUM BESTREUEN:

50 g heller Rohrohrzucker
abgeriebene Schale von ½ unbehandelten Orange
50 g gehackte, geschälte Mandeln

Backpapier für das Backblech
etwas Dinkelmehl für die Arbeitsfläche

Ein Backblech mit Backpapier auslegen. Das Mehl, das Salz, den Zucker, den Zimt und die Orangenschale in eine Rührschüssel geben. Die Butter in Würfeln hinzufügen und alles mit der Hand zu Streuseln vermengen. Das Ei verquirlen, dazugeben und alles zu einem geschmeidigen Teig kneten. Den Teig abgedeckt 30 Minuten kühl stellen.

Den Teig halbieren. Auf einer leicht bemehlten Arbeitsfläche die erste Teighälfte 3 mm dick ausrollen und 4,5 cm breite Kreise ausstechen. Mit der zweiten Teighälfte genauso verfahren. Die Plätzchen auf ein Blech legen und 15 Minuten kühl stellen.

In der Zwischenzeit den Backofen auf 160 °C (Umluft) vorheizen. Die Orangenplätzchen im heißen Ofen in 13–14 Minuten leicht goldbraun backen.

Während sie auf einem Gitter abkühlen, die Kuvertüre über einem Wasserbad schmelzen (siehe Tipp S. 17). Für den Orangenzucker den Rohrohrzucker mit der Orangenschale gut vermischen.

Die Plätzchen je zur Hälfte in die Kuvertüre eintauchen und die Schokoladenseite der Plätzchen anschließend mit dem Orangenzucker oder mit den gehackten Mandeln bestreuen.

PHARMACIE

Haselnuss-Zimt-Hörnchen

ZUTATEN FÜR CA. 30 STÜCK:

150 g Dinkelmehl, Type 630
100 g Doppelrahm-Frischkäse
100 g kalte Butter
100 g heller Rohrohrzucker
50 g gemahlene, geröstete Haselnüsse
1 TL gemahlener Ceylon-Zimt

Backpapier für das Backblech

Das Mehl und den Frischkäse in eine Rührschüssel geben. Die Butter in Würfeln dazugeben und alles zu einem glatten Teig kneten. Mit den Händen zu einer Kugel formen, abdecken und 2 Stunden kühl stellen.

Den Zucker mit den Haselnüssen und dem Zimt in einer Schüssel vermischen. Den gekühlten Teig halbieren und zu Kugeln formen.

Den Backofen auf 170 °C (Umluft) vorheizen. Ein Blech mit Backpapier auslegen. Ein Viertel der Haselnuss-Zucker-Mischung auf einer glatten Arbeitsfläche verteilen und die erste Teigkugel darauf 3 mm dick zu einem Kreis ausrollen. Die Oberfläche ebenfalls mit einem Viertel der Haselnuss-Zucker-Mischung bestreuen und mit den Händen einreiben. Nun den Kreis mit einem scharfen Küchenmesser in 16 gleiche Kuchenstücke schneiden. Jedes Dreieck von der Außenseite zur Spitze hin zu einem Hörnchen einrollen und auf das Blech setzten. Mit der zweiten Teighälfte genauso verfahren.

Die Hörnchen im heißen Ofen auf der mittleren Schiene in 12 Minuten goldbraun und knusprig backen.

Diese Hörnchen werden auch Rugelach genannt und schmecken frisch gebacken am besten.

Nussecken

ZUTATEN FÜR CA. 20 STÜCK:

100 g Dinkelmehl, Type 630
1 Prise gemahlener Ceylon-Zimt
1 Prise Salz
75 g gemahlene Mandeln
30 g heller Rohrohrzucker
70 g kalte Butter
1 Ei

FÜR DEN BELAG:

100 g ungeschälte Haselnüsse
100 g Aprikosenkonfitüre (75 % Fruchtanteil)
100 g Mandeln
75 g Butter
45 g heller Rohrohrzucker
60 g Akazienhonig
1 Prise Salz

etwas Butter und Dinkelmehl für die Form

Eine rechteckige Tarteform mit Hebeboden (36 x 12 cm) einfetten und leicht bemehlen. Für den Boden die trockenen Zutaten in einer Schüssel vermengen. Die Butter in Stücken und das Ei hinzufügen. Alles mit der Küchenmaschine oder der Hand rasch zu einem glatten Teig verkneten. Diesen zu einer 35 cm langen Rolle formen und in die Form drücken. Mit einer Gabel einstechen, abdecken und 30 Minuten kühl stellen.

In der Zwischenzeit den Backofen auf 180 °C (Umluft) vorheizen. Den Boden im heißen Ofen auf der mittleren Schiene in 15 Minuten hellbraun vorbacken.

Die Haselnüsse im heißen Ofen rösten (siehe Tipp S. 13). Die Konfitüre in einem kleinen Topf leicht erwärmen und auf den vorgebackenen Boden streichen. Die Hälfte der Haselnüsse sowie der Mandeln grob hacken. Die Butter, den Zucker, den Honig und das Salz in einem kleinen Topf kurz aufkochen lassen. Die gehackten und die ganzen Nüsse untermengen. Die Füllung auf dem Teigboden gleichmäßig verteilen. Die Tarte im heißen Ofen in 20 Minuten auf der mittleren Schiene goldbraun backen und anschließend auskühlen lassen. Mithilfe des Hebebodens die Tarte aus der Form nehmen. Mit einem scharfen Messer 3 cm breite Ecken herausschneiden. In einer luftdicht verschlossenen Box lagern.

Durch die Aprikosenkonfitüre bleiben diese Nussecken herrlich saftig!

Schokoladenglück

Wenn in der Vorweihnachtszeit
der köstliche Duft von dunkler
Schokolade durch die Küche zieht,
denke ich unweigerlich an die
wunderbare Juliette Binoche,
die uns als Vianne im Film Chocolat
mit ihrer Chocolaterie für immer
verzaubert hat.

Kardamom-Zimt-Trüffel

ZUTATEN
FÜR CA. 30 STÜCK:

160 g Zartbitterschokolade (70% Kakaoanteil in bester Qualität)
90 ml Sahne
1 Ceylon-Zimtstange
4 ganze Kardamomkapseln
20 g weiche Butter (Zimmertemperatur)

ZUM WÄLZEN:
etwas Kakaopulver

Die Schokolade fein reiben und in eine Metallschüssel füllen. Die Sahne in einen kleinen Topf geben und die Zimtstange hineinlegen. Die Kardamomkapseln öffnen. Die Schale und die Samen zur Sahne geben. Die Sahne zum Kochen bringen und sobald sie zu köcheln beginnt, bei schwacher Hitze genau 1 Minute köcheln lassen. Nun die Gewürzsahne durch ein feines Sieb in einen kleinen Topf gießen. Es sollten noch etwa 60 ml Sahne übrigbleiben. Die aromatisierte Sahne noch einmal ganz kurz aufkochen und in einem feinen Strahl langsam mit dem Schneebesen unter die geriebene Schokolade rühren. Dabei so lange weiterrühren, bis sich die Schokolade aufgelöst hat und eine homogene Masse entsteht. Zum Schluss die Butter in kleine Stückchen schneiden und unterrühren.

Die Ganache abdecken und im Kühlschrank mindestens 2 Stunden fest werden lassen. Danach mit einem Teelöffel kleine Stücke herausstechen und zwischen den Handinnenflächen zu kirschgroßen Kugeln formen. Zum Schluss in Kakao wälzen.

Die Weihnachtstrüffel halten sich luftdicht verschlossen im Kühlschrank am besten frisch.

Walnuss-Rosinen-Konfekt

ZUTATEN
FÜR CA. 20 STÜCK:

100 g frische Walnusskerne
100 g dunkle Kuvertüre (70% Kakaoanteil in bester Qualität)
10 g Butter
60 g Rosinen (Blaue Weinbeeren)

ZUM BESTREUEN:
etwas Maldon Sea Salt

Backpapier für das Backblech

Den Backofen auf 150 °C (Umluft) vorheizen. Die Walnüsse flach auf einem Blech verteilen und 10 Minuten auf der obersten Schiene rösten, bis sie beginnen herrlich zu duften. Danach abkühlen lassen und grob hacken.

Die Kuvertüre fein reiben und über einem Wasserbad schmelzen (siehe Tipp S. 17). Die Butter unterrühren. Anschließend die Walnüsse und die Rosinen untermengen. Ein Blech mit Backpapier auslegen. Jeweils einen gehäuften Teelöffel der flüssigen Nuss-Rosinen-Schokolade als Häufchen auf das Blech setzen. Die Schokolade in einem kühlen Raum fest werden lassen.

Mendiants

„Mendiants“ ist zwar das französische Wort für Bettler, doch diese edlen Schokoladentaler sind reich bestückt mit Trockenfrüchten und Nüssen. Sie sind eine willkommene, süße Geschenkidee für das Fest.

ZUTATEN FÜR CA. 20 STÜCK:

200 g dunkle Kuvertüre (70 % Kakaoanteil)
Eine Auswahl an Trockenfrüchten und Nüssen nach Belieben zum Belegen wie z.B.:
Goji-Beeren
Rosinen
Pistazien
Kürbiskerne
geschälte, geröstete Haselnüsse
Mandeln
ein paar getrocknete Rosenblütenblätter

Backpapier für das Backblech

Ein Backblech mit Backpapier auslegen. Die Kuvertüre in Stücke hacken und über einem Wasserbad schmelzen lassen (siehe Tipp S. 17). Die Kuvertüre anschließend wieder auf ca. 32 °C abkühlen lassen, so ist sie perfekt zum Weiterverarbeiten.

Einen Spritzbeutel mit einer 6 mm breiten Lochtülle vorbereiten. Den Spritzbeutel in ein hohes Glas stellen, den oberen Rand umklappen. Die Kuvertüre einfüllen und gleichmäßig Taler von ca. 5 cm Durchmesser auf das Backpapier spritzen. Die Mendiants dekorativ mit einzelnen Trockenfrüchten, Nüssen und Mandeln belegen. Nachdem die Kuvertüre fest geworden ist, die Schokoladentaler vorsichtig vom Papier lösen. Die Mendiants hübsch verpacken und bis zum Verschenken kühl und trocken lagern, jedoch nicht im Kühlschrank.

Marzipanbrote

Ganz ohne Zucker kommt dieses festliche Naschwerk aus. Gesüßt wird mit feinsten Medjool-Datteln.

ZUTATEN
FÜR 4 STÜCK:

100 g entsteinte Medjool-Datteln
200 ml heißes Wasser
1 Prise Salz
240 g geschälte, sehr fein gemahlene Mandeln

FÜR DEN SCHOKOLADENMANTEL:
200 g dunkle Kuvertüre (70 % Kakaoanteil)

ZUM DEKORIEREN:
5 ungeschälte Mandeln
5 Pistazienkerne
3 getrocknete Rosenknospen

Die Datteln in eine Tasse geben und mit dem heißen Wasser übergießen. Nach 15 Minuten das Wasser wieder vollständig abgießen. Die weichen Datteln klein schneiden und mit einer Gabel zu einem Dattelpüree zerdrücken. Das Püree, das Salz und die gemahlenen Mandeln mischen und mit der Hand zu einem Marzipan verkneten. Vier gleichmäßige Marzipanbrote (10 x 3 cm) modellieren. Die Enden abrunden, die Oberfläche mit einem Holzstäbchen dreimal einkerben.

Die Kuvertüre über einem Wasserbad schmelzen lassen (siehe Tipp S. 17). Die Marzipanbrote darin eintauchen und auf einem Gitter abtropfen lassen.

Die Mandeln und die Pistazien in längliche Streifen schneiden und die Oberfläche der Brote damit dekorieren. Zum Schluss mit einzelnen Rosenblättchen zusätzlich festlich garnieren.

Hübsch verpackt sind diese Marzipanbrote ideal zum Verschenken in der Adventszeit.

Team

THERESA BAUMGÄRTNER
Konzept, Text, Rezepte, Foodstyling, Setstyling
Theresa Baumgärtner, 1987 in Hamburg geboren, lebt mit ihrer Familie in Luxemburg. Nach ihrem Masterstudium in Kultur und Wirtschaft ist sie beruflich ihrem Herzen gefolgt. Sie ist erfolgreiche Kochbuchautorin, schreibt und fotografiert als Kolumnistin für Magazine und arbeitet als freie Moderatorin und Autorin für das Fernsehen. Regelmäßig kocht sie im ARD-Buffet. In ihrem Landhaus „Hazelnut House", im Osten von Luxemburg, empfängt die leidenschaftliche Gastgeberin internationale Gäste zu verschiedenen Anlässen. Theresa ist überzeugt, dass das Glück in all den kleinen Dingen und Details liegt, die uns im Herzen berühren. In ihren kulinarischen Workshops vermittelt sie ihre Lebensart und Philosophie: einfach, liebevoll, natürlich.
WWW.THERESASKUECHE.DE
WWW.HAZELNUT-HOUSE.COM

LUCIA BAUMGÄRTNER
Konzept, Text, Rezepte, Foodstyling, Setstyling
wurde 1962 in ihrer badischen Heimat geboren, lebt südlich von Hamburg in der Nähe des Alten Landes und arbeitet seit vielen Jahren als freie Journalistin u.a. für den NDR. Die Begeisterung für kulinarische Themen trägt sie in ihren Reportagen, Filmen und Kochbüchern weiter. Kochen und Backen mit gesunden, köstlichen Zutaten haben bei ihr eine lange Tradition. Ihre Vollwertbackbücher waren Bestseller.

MELINA KUTELAS — *Fotografie*
Nach einigen Jahren als Modestylistin in London wechselte sie das Fach und arbeitet nun als selbstständige Food-Fotografin und Stylistin. Seit 2015 betreibt sie den Foodblog „About That Food", welcher als Sprungbrett für ihre kulinarische Karriere diente. 2017 wurde sie für ihr Foodstyling mit dem AFBA ausgezeichnet. Sie lebt und arbeitet in Wien.
WWW.MELINAKUTELAS.COM

SARINA HUNKEL — *Lektorat*
studierte Ökotrophologie in Gießen bevor sie in Berlin als Rezeptentwicklerin und Fotografin arbeitete. Als Redakteurin beim Food-Magazin ESSEN & TRINKEN fand die 30-Jährige ihren Weg in den Journalismus. Seit 2018 schreibt, lektoriert und isst sie nun freiberuflich in Frankfurt am Main, wo sie obendrein ihr eigenes Yoga-Studio betreibt.
WWW.SARINAHUNKEL.COM

JULIA LEISSING
Grafische Gestaltung
geb. 1984 in Vorarlberg, Ausbildung in Wien an der Graphischen. Nach über 14 Jahren in Wien kehrte sie wieder in ihre Heimat zurück. Dort arbeitet sie selbstständig und übernimmt besonders gern die Gestaltung kulinarischer Projekte. Julia und ihr Mann lieben gutes Essen, die Natur und bauen mit dem zweijährigen Sohn Theo ihr eigenes Gemüse auf der Terrasse an.
WWW.JULIKAT.COM

CLARE MELINSKY — *Illustrationen*
Clare zählt zweifellos zu den besten Illustratorinnen Großbritanniens. Sie hat in ihrer 40-jährigen Illustrationskarriere nicht nur die Cover der Harry Potter Bände mit ihren Linoldrucken gestaltet, sondern viele weitere großartige Projekte künstlerisch begleitet. So auch das Cover für das Koch- und Backbuch "Weihnachten – Rezepte für die schönste Zeit des Jahres". Seit ihrem Abschluss an der Central School of Art in London lebt Clare in ihrem wundervollen Cottage im Südwesten Schottlands.
WWW.CLAREMELINSKY.CO.UK

ZITATE

ANDERSEN, HANS CHRISTIAN: Die schönsten Märchen von Hans Christian Andersen. Die Schneekönigin. Esslingen: Esslinger Verlag 2011
ANDERSEN, HANS CHRISTIAN: Die wilden Schwäne. Hamburg: Carlsen Verlag 1982
AUSLÄNDER, ROSE: Hügel / aus Äther / unwiderruflich. Frankfurt am Main: S. Fischer Verlag GmbH 1984
VON FALLERSLEBEN, AUGUST HEINRICH HOFFMANN: Kinderlieder von August Heinrich Hoffmann von Fallersleben, 1887
HOFFMANN, E.T.A.: Nussknacker und Mausekönig. Märchen. Leipzig: Reclam-Verlag
KALÉKO, MASCHA / HERAUSGEGEBEN VON ZOCH-WESTPHAL, GISELA: Die paar leuchtenden Jahre. Frankfurt am Main: S. Fischer Verlag GmbH 2003

Wir danken den Rechteinhabern für die freundliche Abdruckgenehmigung.

Für alle, die Sternenstaub lieben!

BACKEN IN DER WINTERZEIT

Theresa Baumgärtner öffnet ihre Winterbackstube und verrät uns ihre liebsten Rezepte vom Land, von der Küste, aus den Bergen und der Stadt. Sie gibt Dekorationsideen und lädt mit ihren Geschichten zum Träumen ein. Ihr Credo: einfach, liebevoll, natürlich. Theresas süße und herzhafte Rezepte kommen aus dem Herzen und begeistern Anfänger wie Hobbybäcker. Herbstliche Tartes und Kuchen stimmen auf den Winter ein, Früchtebrote, Christstollen und Buttergebäck auf Weihnachten. Und im Januar bringt sie skandinavisches Lebensgefühl nach Hause.

WEIHNACHTEN

Weihnachten: Für die leidenschaftliche Köchin und Bäckerin Theresa Baumgärtner die schönste Zeit des Jahres. Inspirationen sammelt sie auf ihren Reisen nach Edinburgh und in den Schwarzwald und nimmt sie schließlich mit nach Hause, in ihr geliebtes Hazelnut House in Luxemburg. In ihrer Küche entstehen die köstlichen und einfachen Festtagsgerichte, für die sie so bekannt ist. Vom knusprigen Gänsebraten über Desserts und Plätzchen bis hin zum Weihnachtsfrühstück. Dieses Kochbuch ist Theresas persönliche Liebeserklärung an die wundervolle Weihnachtszeit!

BACKEN IN DER WINTERZEIT

ISBN 978-3-7106-0098-2

WEIHNACHTEN

ISBN 978-3-7106-0332-7

So
ENTZÜCKEND
ist nur der
WINTER!

Theresa Baumgärtner hat die bekannte britische Illustratorin Clare Melinsky dazu inspiriert, den schönsten Adventskalender des Jahres zu entwerfen. Hinter jedem der 24 Türchen versteckt sich eine liebevolle Zeichnung der Künstlerin. So wird das Öffnen des Kalenders an jedem Dezembermorgen zu einem herzerwärmenden Glücksmoment. Und es gibt noch eine weitere Überraschung: Eine Szenerie aus dem verschneiten Weihnachtswald zum dekorativen Aufstellen. Eine Füchsin mit ihren süßen Jungen versammelt sich um ein geschmücktes Bäumchen und inspiriert die ganze Familie zum Erzählen und Geschichten Ausdenken.

IN UNSEREN TRÄUMEN WEIHNACHTET ES SCHON

ILLUSTRIERTER KALENDER MIT DEKORATIVEN FIGUREN ZUM AUFSTELLEN.

Eine Szenerie mit 24 Türchen, aus dem verschneiten Weihnachtswald, zum dekorativen Aufstellen!

ISBN 978-3-7106-0452-2

Register

NACH ALPHABET

NACH ZUTAT & ART

MIT NÜSSEN UND MANDELN

MIT TROCKENFRÜCHTEN

MIT MARZIPAN

MIT KARAMELL

MIT SCHOKOLADE

Liebe Leserin, lieber Leser,

Hat Ihnen dieses Buch gefallen?
Wünschen Sie weitere Informationen zum Thema?
Möchten Sie mit der Autorin in Kontakt treten?
Wir freuen uns auf Austausch und Anregung!

#theresasweihnachten #sternenstaub
#nussknacker #schwanensee

E-MAIL: leserbrief@brandstaetterverlag.com

Brandstätter Verlag

A-1080 Wien
Wickenburggasse 26
T: 0043-1-5121543-256

D-81673 München
Neumarkter Straße 23
T: 0049-89-5008088-0

Wir sagen Danke.
Bleiben wir in Verbindung!

Lassen Sie sich inspirieren!
Gute Geschichten und schöne Geschenkideen auf

WWW.BRANDSTAETTERVERLAG.COM

2. AUFLAGE 2020

ISBN 978-3-7106-0473-7

COVERILLUSTRATION:
Clare Melinsky
FOTOS:
Melina Kutelas,
Foto S. 1: Syamsul Asyraf
ART DIREKTION & GRAFIK:
Julia Leissing, Julikat
LEKTORAT:
Sarina Hunkel
PROJEKTLEITUNG BRANDSTÄTTER VERLAG:
Stefanie Neuhart

DRUCK:
Firmengruppe APPL aprinta druck GmbH
Senefelderstraße 3–11, 86650 Wemding, Deutschland

VIELEN DANK DEN KOOPERATIONSPARTNERN:
Aboutthelittleonez (Schwanenkronen), Allgäu Tourismus (Dreimaederlhaus Weißensee, Burghotel Falkenstein, Bio Café Baumgarten, Restaurant Hotel Helmerhof Schwangau, Restaurant Biohotel Eggensberger, Konditorei Zuckerkuchen Café), Amsel Fashion, Antoinette Poisson Paris, Dresdner Pappen, Gaggenau, Oberammergauer Schnürlkasperl – Markus Wagner, RIESS, Schwester Schwester, Sonnentor, Springerle Model Manufaktur Änis-Paradies, Städter.

Großes Schneidebrett aus Luxemburger Eichenholz, Ikebana Vase „Hazelnut House", ausgewählte, besondere Küchenutensilien: www.hazelnut-house.com

Theresas
Theater